The Political Economy of Power Shift between China's Local Governments

중국 지방 정부간 권력조정의 정치경제

저장 · 장쑤 · 지린 3개성의
'성관현(省管縣)' 개혁 비교 연구

The Political Economy of Power Shift between China's Local Governments

아연동북아 총서 _ 12

중국 지방 정부간 권력조정의 정치경제

저장 · 장쑤 · 지린 3개성의 '성관현(省管縣)' 개혁 비교 연구

| 이상국 지음 |

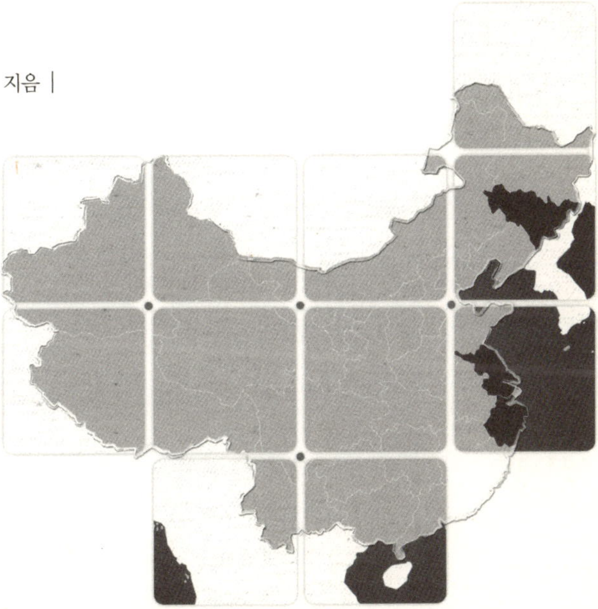

아연출판부
고려대학교 아세아문제연구소

| 차 례 |

표 차례

| 그림 차례 |

아연동북아총서 발간에 부쳐

탈냉전 이후 동아시아의 역동적 발전은 역내의 정치-외교, 경제 질서뿐만 아니라 문화, 사상, 종교 등의 제 영역에서 새로운 변화를 추동하고 있다. 이런 변화는 일국적 차원의 고찰로는 해명될 수 없는 복잡하고도 민감한 초국가적(transnational) 현상을 낳고 있다. 특히 동북아시아는 지리적 인접성, 공통의 역사-문화적 경험, 협력과 공존의 필요성 등으로부터 연유하는 초국가적 사고와 움직임이 활성화되고 있다. 이런 동북아에 대한 이해를 심화, 확대하고 새로운 해석과 전망을 제공하기 위해서는 국가별 연구나 학문 분과의 분절적 연구를 넘어 동북아시아를 분석의 단위로 삼는 다학문적·학제적 연구가 요청된다.

동북아시아 연구가 갖는 실천적 의미는 매우 중요하다. 주지하듯이 동북아시아는 세계의 어느 지역보다도 급속한 변화와 발전상을 보여 주고 있음에도 불구하고, 여전히 근대성의 문제와 냉전의 구도에 얽매여 있는 곳이다. 20세기 전반기의 제국주의 침략과 식민 경험은 오늘에도 국가적·민중적 기억을 지배하고 있다. 냉전의 산물인 남북 분단과 북한의 핵 위협은 동북아시아의 커다란 불안 요소가 되고 있다. 국가 간 역사 및 영토 분쟁 또한 동북아의 평화로운 발전에 장애로 남아 있다. 그러나 우리는 불편한 역사적 경험과 현재의 불안정이 다른 한편으로 동북아시아의 여러 구성 요소들을 상호 긴밀히 연결시키고, 그로부터 문제 해결을 위한 공통의 기반이 마련될 수 있음에 주목한다. 동북아시아는 대립과 갈등의 무대이기도 하지만 평화와 공존의 모색을 위한 토대이기도 하다. 이제 동북아 연구는 동북아가 처한 현실을 객관적으로 진단하고, 평화로운 미래를 건설하는 시대의 요청에 부응하지 않으면 안 된다.

고려대학교 아세아문제연구소(이하 아연)는 대표적인 동북아시아 지역 종합 연구소로서 학제 간 연구를 통한 동북아 지역 연구를 이끌어 왔다. 1957년 설립된 이래 아연은 구한국 외교문서와 공산권 연구 총서 및 동아시아 연구 총서, 중국 연구 총서, 한일 공동 연구 총서, 민주주의 총서 등 연구 성과의 체계적 집성을 통해 학문적 차원에서 현실을 진단하고 바람직한 미래의 방향을 전망하는 대학 연구소의 역할을 충실히 수행해 왔다. 2008년부터는 한국연구재단의 '인문 한국'(HK) 사업 해외지역학 분야의 지원 기관으로 선정되어, '동북아시아의 초국가적 공간: 사상·사회·문화·제도의 교류와 재구성'이라는 연구 어젠다를 중심으로 10년 기간의 대규모 프로젝트를 진행하고 있다. 이제 아연은 지난 50여 년 동안 축적된 연구 경험과 현재 진행 중인 '인문 한국' 사업의 성과, 각종 동북아 지역 연구 지원, 국내외 소장학자 교류 지원 프로그램 등을 기반으로 해 〈아연동북아총서〉를 발간한다. 이 총서의 성과가 동북아 공동의 문제를 해결하고 조율하며 바람직한 미래를 모색하는 장이 될 수 있기를 기대하면서, 관심 있는 분들의 격려와 질정을 바란다.

2013년 8월

아세아문제연구소장 이종화

1장

서론

1. 성관현 개혁 연구의 중요성

1978년 개혁·개방 이래 중국은 경제 시스템 개혁에 대응해 행정관리 시스템 영역에서도 개혁을 꾸준히 진행해 왔다. 이 가운데 1982, 1988, 1993, 1998, 2003, 2008년의 개혁 조치는 그 규모가 비교적 큰 경우라 할 수 있다. 이들 개혁은 기본적으로 중국의 시장경제화에 부응하는 행정관리 체제의 수립을 지향하고 있고, 그 성격도 사회·경제적 환경의 변화와 함께

• 이 책의 일부 내용은 아래의 국내외 저널에 각각 발표됐음을 밝힌다. (1) 1~3장의 일부 내용은 "중국 '성관현'(省管縣) 시스템 부활의 정치·경제," 『국제정치논총』 제49집 제5호, 2009년. (2) 4~6장의 일부 내용은 "The 'Province Leading Counties' Administrative Reform in China," *Issues and Studies* Vol 47. No. 1, March 2011.

계속 진화하고 있다. 다시 말해 개혁·개방 초기 중국의 행정개혁은 정부 조직과 기구의 간소화, 정부 기능의 효율성 향상을 주요 목표로 했다. 그러나 최근에 추진되는 개혁은 이런 측면을 고려하면서도 '서비스형 정부'(服務型政府) 실현과 같은 정부 기능의 전환, 정부 구조의 합리화 등도 주요하게 고려되고 있다. 개혁의 내용도 과거에는 기구 통폐합과 같은 정부 기구의 설치·조정에 관한 것 위주였으나, 최근에는 법률, 법규 및 제도 정비 등으로 확대되고 있다.[1]

그리고 변화하는 경제·사회적 환경에 대응해 정부 기능의 합리화와 효율화를 목표로 한 중국의 행정개혁은, 비단 이들 영역뿐만 아니라 행정 계층 영역에서도 활발하게 진행되어 왔다. 그동안 국내 학계에서 거의 주목을 받지 못한 '시관현 체제'(市管縣體制)의 도입이 대표적인 예이다. 시관현 체제는 1980년대 초, '도시와 농촌의 (경제적) 연계'와 '중심 도시(中心都市)의 경제 복사(經濟輻射)'를 실현함으로써[2] 지방의 경제 발전을 촉진하기 위한 목적에서 도입됐다. 이 행정관리 시스템은 1982년 중앙정부가 도입을 공식 결정한 이후, 1983년 들어 중국 전역에서 시행되기 시작했다. 시관현

1_1982년 제1차부터 제5차 행정관리 체제 개혁에 관한 개괄적인 내용에 대해서는 鄒東濤(2008)를 참조. 한편 이 책의 저술 시점을 기준으로 개혁·개방 이후 6차에 걸친 중국의 행정관리 체제 개혁 가운데, 가장 최근에는 대부제(大部制) 개혁이 추진됐다. 구체적으로 이 개혁은 2008년 3월 제11기 전국인민대표대회에서 그 추진이 공식 결정되었다. 여기서 대부제는 대부처주의(大部處主義)를 지향하는 '대부문 체제'(大部門體制)의 줄임말로, 대부제 개혁은 서비스형 정부, 책임 정부, 법치 정부 등을 기본 이념으로 하고 있다. 대부제 개혁에 대한 더욱 자세한 내용에 대해서는 김윤권(2008, 291-316)을 참조.

2_경제 복사(Economic Radiation)는 경제 발전 수준과 현대화 수준이 상대적으로 높은 지역과 경제 발전이 비교적 뒤쳐진 지역 사이에 자본, 인력, 기술, 시장 등 생산요소의 유동과 이전, 그리고 현대화한 관념, 사고방식, 생활 습관 등의 전파 등을 통해 이들 지역의 경제 자원 배분의 효율성을 높이는 것을 가리킨다.

그림 1-1 | 중국의 행정 체계

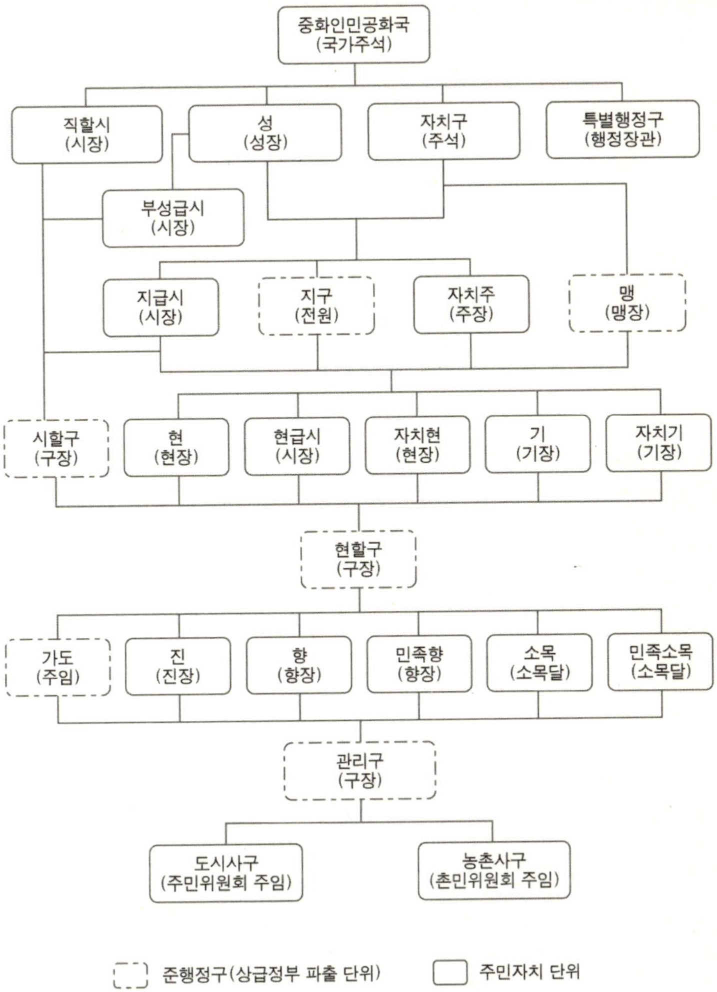

자료: 中國縣域社會經濟年鑑編輯部 編(2006, 607).

체제 도입 이전에는 기본적으로 성(省)이 성의 파출 기구(派出機構)의 성격을 지닌 지구(地區)의 행정공서(行政公署)와 같은 행정기관을 활용해, 현(縣)과 현급시(縣級市) 등 기층 행정단위를 관리했다. 그러나 시관현 체제 도입과 함께 지급시(地級市, 지구급 시)가 현과 현급시의 상급 정부로 자리매김하면서, 지급시가 이들 현급 행정구를 관리하게 됐다.

시관현 체제는 1990년대를 거치며 중국 전역으로 확산, 발전했고, 1990년대 후반에 들어서는 성 이하 지방을 관리하기 위한 주류적인 방식으로 자리 잡았다. 구체적으로 1982년 112개에 그쳤던 지급시는 2001년 265개로 증가했으며, 지급시가 영도하는 현과 현급시는 같은 기간 55개에서 253개로 대폭 증가했다. 2001년 현재 지급시는 전체 지구급 행정구 332개의 80%를 차지하고, 이들 지급시는 전체 현급 행정구의 70%, 전체 중국 인구의 80% 이상을 관리하고 있다(Lee 2011, 154-155). 이 결과 중국의 기본 행정 계층은 사실상 기존의 '중앙–성–현' 구조에서 '중앙–성–지급시–현' 구조로 바뀌었다.[3]

3_만일 향급(鄕級) 행정구를 비교적 의미 있는 최하위의 행정구로 간주할 경우, 중국의 행정 계층은 중앙에서 향급 행정구까지 5단계로, '중앙–성급(省級) 행정구–지구급 행정구–현급(縣級) 행정구–향급 행정구'의 위계를 보이고 있다. 이들 각급 지방 행정구에는 소수민족이 다수 거주하는 지역의 경우, 자치구(自治區), 자치주(自治州), 자치현(自治縣)과 같은 소수민족 자치행정구가 설치돼 있다. 그리고 지구급 이하 행정구에는 정부로서 완전한 권한을 보유하고 그 기능을 수행하는 일반 행정구와, 정부로서의 권한과 기능을 충분히 지니지 못하고 상급 행정구의 파출 기능을 수행하는 준(准)행정구가 있다. 각급 지방 행정구의 구체적인 행정구획 단위(행정단위)를 보면, 우선 지방 최고의 행정단위인 성급 행정구에는 성, 자치구, 직할시 그리고 특별 행정구가 있다. 지구급 일반 행정구로는 지급시, 자치주가 있고, 지구급 준 행정구로는 지구와 맹(盟)이 있다. 이 중 맹은 내몽골에만 설치돼 있는 행정단위이다. 현급 행정구에는 시할구(市轄區), 현급시, 현, 기(旗) 등이 있다. 이 중 기는 내몽골에만 설치된 행정단위로 다른 지역의 현에 대응한다. 한편 2009년 말 현재 현급 이상 행정구의

이와 같은 행정 계층구조의 전환은 중국의 지방 통치 구조, 도시-농촌 관계, 중앙-지방 관계 등에 무시할 수 없는 영향을 미쳤다. 구체적으로 성 내 정치·행정·경제·사회적 문제들을 처리하는 데 있어서 기존에는 성이 시(市)와 현을 직접 관리했으나, 시관현 체제 도입 이후 성은 거시적 관리, 지급시는 미시적 관리를 각각 담당하고, 현(현급시)은 이들 상급 정부(당위원회)의 정책과 지침을 기층에서 집행하는 역할을 하게 됐다.[4] 동시에 과거에 시는 도시 지역만을 관리하고 농촌 지역은 지구가 관리하는 이른바 '도농(都農) 분할 행정관리 체계'였으나, 시관현 체제 시행 이후 지급시가 도시와 농촌을 모두 관리하는 통합 관리 체계가 성립됐다. 마지막으로 시관현 체제의 도입으로 중앙정부와 기층 사이의 관계가 더욱 다단계화함에 따라, 중앙의 기층에 대한 이해와 통제가 기존에 비해 어려워지게 됐다.

그런데 이 시관현 체제가 도입된 지 20여 년 만에 중국의 행정 계층구조는 다시 큰 변화의 조짐을 보이고 있다. 이는 이후 제2장과 제3장에서 논의될 내용과 같이, 시관현 체제가 당초 도입 목적의 달성, 곧 현 경제의 발전에 기여하는 데 실패하는 한편 기층 관리에서 새로운 다양한 문제점을

설치 현황을 보면 성급 행정구는 모두 34개(타이완 제외)로, 여기에는 4개 직할시, 23개 성, 5개 자치구, 2개 특별 행정구가 포함된다. 지구급 행정구는 모두 333개로, 지급시가 이 중 절대 다수를 차지하고 있다. 구체적으로 283개 지급시(부성급시 포함), 17개 지구, 30개 자치주, 3개 맹이 있다. 현급 행정단위는 모두 2,858개로, 855개의 시할구, 384개의 현급시, 1,451개의 현, 113개의 자치현, 49개의 기, 3개의 자치기, 2개의 특구(特區), 1개의 임구(林區)가 있다. 각급 행정구획 단위의 지위와 직능에 대한 자세한 내용은 周平 主編(2007)을 참조. 소수민족 자치정부에 대한 자세한 내용은 周平·方盛擧·夏維勇(2007)을 참조.

4_이 책에서는 현급 행정구인 현과 현급시의 구분 자체가 큰 의미가 없으므로, 이 둘을 동시에 지칭할 경우 필요에 따라 현, 현역(縣域), 현(현급시), 현(시) 등과 같이 다양한 방식으로 표현한다.

낳고 있다는 인식이 21세기 들어 본격화하고 있는 것과 관련된다. 그리고 이런 인식이 공감대를 형성하면서, 중국 전역에서는 성이 현을 직접 관리하도록 하는 '성관현 개혁'(省管縣改革)이 현급 행정구 곧 현역(縣域)의 경제 발전 등을 목적으로 확산되고 있다. 구체적으로 2002년 저장성(浙江省)을 필두로 후베이성(湖北省), 푸젠성(福建省) 등이 원래 지급시만 보유하고 있던 대규모의 경제·사회 관리 권한, 즉 사권(事權)과 재정 관리 권한, 즉 재권(財權)을 현급 행정단위에 하방(下放)하기 시작했다.[5] 이후 다른 성급 행정구(성, 자치구, 직할시)들도 성관현 개혁에 적극 나서면서, 2008년 말 현재 중국의 31개 성급 행정구 가운데 티베트(西藏)와 신장(新疆)을 제외한 29개 성급 행정구가 성관현 체제를 실시하고 있거나 성관현 개혁을 추진하고 있다.[6] 이 중 행정구역 규모가 비교적 작은 베이징시(北京市), 톈진시(天津市), 상하이시(上海市), 충칭시(重慶市)와 같은 4개 직할시와 하이난성(海南省)은 오래전부터 성관현 체제의 기본적인 틀을 유지해 왔고, 나머지 성과 자치구는 최근 들어 관련 개혁 조치를 실시했다.[7] 중앙정부도 이런 지방의 움직

5_'하방'은 상층의 권력이나 권한을 하급 단위로 이전하는 것을 가리킨다.

6_2007년 말 현재 티베트 자치구에는 7개 지구급 행정단위 중 1개 지급시, 6개 지구가 설치돼 있는 가운데, 지급시인 라싸시(拉薩市)가 7개 현을 관리하고 있다. 나머지 64개 현과 1개 현급시는 지구 관할하에 있다. 신장웨이우얼(新疆維吾爾) 자치구에는 지구급 행정단위로 2개 지급시와 7개 지구, 5개 자치주가 설치돼 있다. 이 2개 지급시 중 하나인 우루무치시(烏魯木齊市)가 1개 현을 관리하고 있고, 나머지 19개 현급시, 67개 현(자치현 포함)은 지구와 자치주 관할하에 있다. 따라서 이들 지역은 대부분 여전히 성급 행정구가 지구를 통해 현을 관리하고 있어 성관현 개혁의 필요성이 떨어진다고 하겠다. 티베트와 신장 지역의 자세한 행정구획에 대해서는 중국행정구획망(中國行政區劃網) 웹사이트(http://www.xzqh.org/quhua/index.htm)를 참조.

7_하이난성에는 2개의 지급시인 하이커우시(海口市)와 싼야시(三亞市)가 설치돼 있으나, 이들 지급시는 현과 현급시에 대한 관리 권한을 지니고 있지 않고 성이 이들 현급 행정구를 직접

임에 발맞춰 최근 수년간 성관현 개혁에 대한 선호를 분명하게 보여줘 왔다. 이를테면 국무원의 2006년 제11차 경제 사회 발전 5개년 규획, 2007년 제17차 중국공산당 전국대표자대회 보고, 2009년 중공 '중앙 1호 문건'(中央一號文件) 등은 모두 지방 재정 관리 체제를 포함해 지방 행정 계층의 단순화를 강조하고 있다.

현재 중국 학계에서 '성관현'은 두 가지 의미로 사용되고 있다. 우선은 협의의 개념, 곧 재정 관리 체제상의 성관현으로, 성 정부가 재정 영역에서 현과 현급시와 같은 현급 행정구를 직접 관리하는 것을 가리킨다. 둘째는 광의의 개념, 곧 정부 관리 체제상의 성관현으로, 재정 관리뿐만 아니라 현급 행정구의 간부 인사관리와 경제·사회 관리 전 영역에서 성이 직접 현을 관리하는 것을 가리킨다(王紅茹 等 2007, 16). 이 책은 성관현을 광의의 개념으로 사용하며, 재정 영역에 한정해서 성이 직접 현을 관리하는 것을 가리킬 때는 '성관현 재정 관리 체제' 또는 '재정 성관현'과 같이 표현한다.

2002~2008년 사이 성관현을 위해 취해진 일련의 정책적 조치, 곧 성관현 개혁은 주로 성 정부의 주도 아래 이뤄졌다. 그리고 이 시기 개혁의 주요 내용은, 현과 현급시에 각종 행정 심사 비준권을 포함한 경제·사회 관리권의 하방, 성관현 재정 관리 체제의 실현, 현급 영도 간부(현서기나 현장)의 성의 직접적인 임면(任免)과 관리와 같은 형태로 표출됐다. 여기서 경제·사회 관리권(經濟社會管理權)은 국가 행정기관이 행정관리 방면에서 지니고 있는 직권(職權)을 가리키며, 간단히 '사권'이라고도 한다. 일반적으로 현급 이상의 지방정부는 두 종류의 직권을 보유하고 있다. 첫째는 집행 권

관리하고 있다.

력(執行權力)으로, 지방 권력기관의 집행기관으로서 지니고 있는 권력이다. 여기에는 동급의 지방인민대표대회 및 그 상무위원회의 결의의 집행, 상급 국가 행정기관의 결정·명령·규정·행정 조치의 집행, 중앙정부의 국민경제 및 사회 발전 계획 및 예산 등의 집행이 포함된다. 둘째는 자주적 권력(自主性權力)으로, 국가 행정기관으로 행정관리 방면에서 지니고 있는 직권이다. 여기에는 행정구 내의 경제, 교육, 과학, 문화, 보건, 스포츠 사업, 환경, 자연보호, 도농 자원(資源) 건설 사업, 민정(民政), 공안(公安), 민족 사무, 사법 행정, 감독, 산아제한 계획(計劃生育) 등이 포함된다(薛剛淩 主編 2006, 177). 그리고 재정권(財政權)에는 재정 체제의 제정(制定), 세수 이전 및 특별 보조금(專款)의 분배, 재정 결산(財政結算), 수입(收入報解), 자금(資金調度), 채무 관리(債務管理), 재정 예결산(財政預決算), 보고(報表, 報送, 彙總) 등이 있다(張占斌 2007a, 第5版). 한편 사권, 재정권(간단히 '재권'), 인사권 차원의 성관현 개혁 조치에도, 현시점에서 기존의 지급시와 현 사이의 당정(黨政, 중공당과 정부) 영역의 영도(領導) 관계는 그대로 유지되고 있다. 다시 말해 현은 여전히 당정 차원에서 지급시에 책임을 지고 지급시의 감독을 받는다.

이와 관련, 중국공산당(중공당) 중앙당학교(중앙당교, 中央黨校)의 저우톈융(周天勇) 교수는 성관현 개혁의 발전 과정을 아래와 같이 3단계로 구분, 제시하고 있다(劉曉鵬 2008, 13). 첫째 단계는 성이 실험 대상 현의 재정을 직접 관리하거나 경제관리 권한을 하방하는 단계이다. 이 시기에 지급시의 현에 대한 영도는 유지된다. 둘째 단계에서는 지급시와 현을 완전히 분리해 운용함으로써, 시와 현은 더 이상 상하 관계가 아니고, 성이 지급시와 현을 각각 직접 관리하며, 지급시와 현의 지위와 기능은 새롭게 조정된다. 또 이 단계에서는 시의 직능은 이전에 비해 축소되고, 현의 직능은 적절한 수준으로 증가하게 된다. 마지막으로 지급시에 대한 개혁을 하게 된다. 이

그림 1-2 | 성·지급시·현 관계의 발전 방향

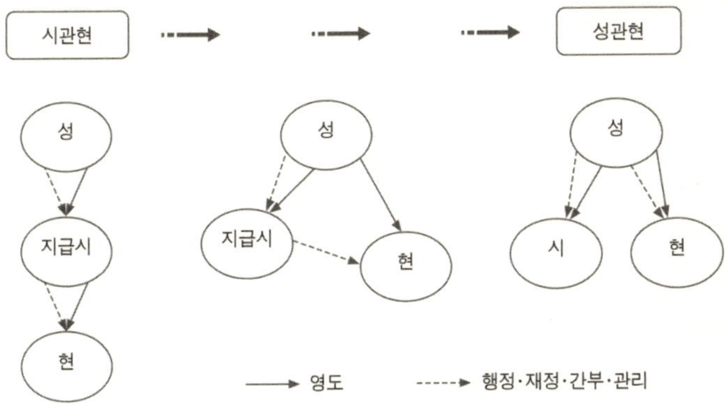

셋째 단계에서는 지급시의 관할구를 적절히 조정하고, 기구와 인력을 간소화한다(劉曉鵬 2008, 13). 만일 성관현 개혁이 저우톈융이 언급하고 있는 방향으로 순조롭게 진행된다면, 개혁의 마지막 단계에서는 성이 당정 영도를 포함한 모든 영역에서 현을 직접 관리하게 되고(전 영역에서 지급시는 현에 대한 관리 권한을 상실하게 되고), 현은 시와 대등한 지위와 권한을 부여받게 될 것이다(〈그림 1-2〉 참조).

여기서 한 가지 지적할 점은 이런 성관현 개혁으로 중국의 행정 계층이 시관현 체제 도입 이전으로 단순히 회귀하는 것을 의미하지는 않는다는 사실이다. 이는 우선 과거 중국 전역에 설치돼 성을 도와 현을 관리하던 지구가 이미 상당수 폐지됨으로써, 더 이상 중국 행정 체계에서 중심적인 위치에 있지 않기 때문이다. 또 앞서 언급한 것처럼 현과 현급시에 경제·사회 관리권의 하방, 성관현 재정 관리 체제의 도입과 같은 성관현 개혁 과정에서, 기존에 지급시만 보유하던 권한뿐만 아니라 성의 일부 권한도 현과 현급시에 부여하거나 이양하고 있고 심지어는 기존의 다양한 행정 규제 자체가 철폐되고 있기 때문이다.

결국 이와 같은 성관현 개혁은 각급 정부 사이의 관계, 국가와 시장 간의 관계 등에 큰 변화를 가져오고 있다는 점에서 중요한 의미를 지니고 있다. 우선 성관현 개혁은 정부 간 거버넌스(governance) 구조를 변화시키고 있다. 무엇보다도 성관현 실시로 성내 정부 간 권력 구조 측면에서 지급시는 역할과 권한이 축소됨에 따라 지위가 약화된 반면, 현의 권한은 증대되고 또 자율성도 커지게 됐다. 성의 경우, 현과 직접 대면하게 돼 정부 간 정보 교류 능력 향상과 성 정부의 관리·감독 능력 증대로 기층에 대한 통제력과 영향력을 강화하게 됐다. 이와 마찬가지로 중앙정부도, 지급시를 거치지 않고 성 정부를 통해 현의 실태를 파악하고 통제할 수 있게 됨에 따라 시관현 체제에 비해 기층에 대한 이해와 통제를 강화하게 됐다. 다음으로 국가와 시장 간의 관계 측면에서는 기존에 비해 시장의 자율성이 확대되는 결과를 낳고 있다. 이는 기존에 현, 지급시 등 다단계에 걸쳐 밟아야 할 각종 행정절차가 성관현 개혁으로 단순화하고 있기 때문이다. 이와 함께 성관현 개혁 과정에 기업의 경영 활동을 제약해 온 여러 가지 규제를 대폭 완화하는 조치가 종종 동반된 것도 시장의 자율성 증대에 기여하고 있다.

한편 앞서 언급한 저우톈융의 전망과 같이, 완전한 의미의 성관현 체제가 도입될 경우 중앙-지방 관계에 일정한 변화가 있을 전망이다. 완전한 성관현 체제를 실현하기 위해서는 현을 효율적으로 관리하고 성 정부의 권력 비대화를 막기 위해 성급 행정구의 분할과 증설이 불가피하기 때문이다(浦善新 2006, 212-257; 田穗生·羅輝·曾偉 2005, 264-276). 성의 분할과 증설에 대한 대표적인 논의로는 국무원 민정부(民政部) 산하 지명(地名)연구소의 연구원인 푸산신(浦善新)의 계획안을 들 수 있다. 푸산신의 성관현 실시에 따른 성급 행정구 조정 계획안에는 기존 31개의 성급 행정구를 48개로 분할하는 내용과 이를 실행하기 위한 구체적인 방법이 제시돼 있다. 이와 관련 중국 정계에서도 이미 성 분할과 증설에 대한 논의가 시작됐다. 이를테면 2005년 3월 전국인민대표대회(전국인대) 제10기 제3차 회의에서 일부 대표들이 '성관현 체제 실시를 위한 개혁 방안 제정에 관한 의안'을 제출했다. 이 의안에는 성관현 실시와 함께 성급 행정구를 향후 40~50개로 늘려야 한다는 내용이 담겨 있다. 이들의 방안에 따르면, 향후 광둥(廣東)·장쑤(江蘇)·저장 등 경제 발전 성, 티베트·신장 등 민족 자치구, 그리고 인구나 면적의 규모가 큰 허베이(河北)·쓰촨(四川) 등 상당수 성이 분할된다(浦善新 2006, 212-257). 만일 이들의 주장이 현실화할 경우, 중국의 주요 성급 행정구의 경제와 인구의 규모, 지리적 차원의 관할 범위 등은 기존에 비해 크게 축소될 것이다. 여기서 경제, 인구, 관할 지역의 규모를 성급 정부의 권력 자원으로 본다면, 주요 성급 행정구의 분할 조치는 중앙과의 관계에서 이들 성급 행정구의 권력이 기존에 비해 약화되는 결과를 가져올 수 있다.

2. 성관현 개혁의 지역 간 편차와 이에 대한 기존 논의

이처럼 성관현 개혁이 중국의 지방 거버넌스와 중앙-지방 관계에 큰 영향을 주고 있는 가운데, 한 가지 흥미로운 사실은 성관현 개혁 추진 정도가 지역별로 큰 차이를 보이고 있다는 점이다. 구체적으로 2002~2008년 사이 중국 전역에서 진행된 성관현 개혁 추진 실태에 대한 필자의 조사에

표 1-1 | 2002~2008년 6개 성의 성관현 개혁 추진 정도 비교

지역	경제·사회 관리권 '하방' 건수 (대상 현)	재정 성관현 실시 여부 (대상 현)
저장성	443 (전체 관할 현)	실시 (전체 관할 현)
지린성	876 (전체 관할 현)	실시 (전체 관할 현 *)
후베이성	239 (전체 관할 현)	실시 (전체 관할 현)
장쑤성	없음(해당 조치 없음)	실시
광둥성	214 (전체 관할 현)	미실시
간쑤성	미상 (13개)	실시 (16개)

주: * 연변자치구 관할 현(현급시) 제외.
자료: 필자 작성. 관련 데이터는 〈부록〉 성관현 개혁 당정 문건.

따르면, 경제·사회 관리권의 현(현급시, 이하 현)에 대한 이양 정도, 재정 성관현 실시 여부 그리고 관련 조치가 취해진 대상 현의 수량 등을 주요 측정 지표로 해서 볼 때, 개혁 폭이 성별로 큰 차이를 보이고 있다. 이를테면 저장성, 지린성(吉林省), 후베이성 등은 성이 관할하는 전체 현을 대상으로 수백 건의 경제·사회 관리권이 하방됐을 뿐만 아니라 전면적인 재정 성관현을 실시했다. 반면 장쑤성, 광둥성, 간쑤성(甘肅省)은 적어도 사권 또는 재권의 어느 한 영역에서는 성관현 개혁 조치를 취하지 않거나, 개혁 조치를 취한 영역에서도 그 수준이 개혁 수준이 높은 앞의 성들에 크게 미치지 못하고 있다(〈표 1-1〉 참조).

그런데 기존 연구에서는, 성관현 개혁과 같은 개혁에서는 그 추진 정도 면에서 지방 간 편차가 발생하기 어려운 것으로 보고 있다. 곧 기존 연구들에 따르면, 이런 유형의 개혁은 행정 및 제도의 재조직화(administrative and institutional re-organization)와 관련된 것으로, 개혁의 진척은 '비분배적 정책'(non-allocation policy) 논리에 따라 이뤄진다(Barrett and Hill 1986, 50-52; Chung 1995, 504-505). 다시 말해 이런 개혁은 중앙-지방 차원의 세수 분배

조정 등과 같이 정부 간 자원의 직접적 분배가 이뤄지는 개혁과 달리, 자원의 분배와 직접적으로 관계가 없기 때문에 상층 정부가 적극적으로 그리고 엄격하게 자신들의 정책에 따를 것을 하층 정부에 요구할 수 있고, 이 때문에 지방 사이에 개혁 정도에서 큰 차이가 발생하기 어렵다. 그런데 앞서 언급한 것처럼 중국의 성관현 개혁 추진 과정에서는 성에 따라 개혁의 정도가 큰 차이를 보이고 있고, 이런 현상은 '행정의 재조직화' 문제에 대한 기존 이론의 주장에 재검토를 요구하고 있다.

성관현 개혁 추진 정도가 지방 사이에 이렇게 큰 차이가 나는 이유에 대해, 일부 중국 내 학자들은 경제적 요인이 결정적이라는 주장을 제기하고 있다. 이들 학자들은 성관현 개혁이 완료 단계에 있다기보다는 여전히 진행 중인 상황에서, 성관현 개혁의 필요성을 강조하는 차원에서 관련 논의를 전개하고 있다. 그리고 이들은 공통적으로 성(省)의 경제 발전 수준과 시장화 정도가 성관현 시스템 도입 여부에 중요한 영향 요인임을 강조하고 있다. 나아가 이들은 이런 인식에 기초해 만일 특정 성이 시장화 정도가 높고 경제 발전이 일정 수준 이상에 도달할 경우, 성관현 개혁을 실시할 수 있다는 의견을 내놓고 있다(謝禹·黃曉偉 2007, 46-48; 楊文彬 2006, 28-30; 盧毅 2004, 31-34; 孫學玉·伍開昌 2004, 35-43; 宗和 2004, 25-27).

> 저장성은 '시관현' 체제 개혁의 선행자로, 저장성이 (시관현 체제를) 추진하고 폐지한 원인을 살펴보면, 우리는 시관현 체제가 시장경제 발전의 환경에서 여러 가지 문제와 폐단을 낳고 있음을 발견할 수 있다. (…) 사실상 저장성과 같이 (시장화) 진척이 유사한 동남 연해 지구 역시 동일한 문제로 수년간 어려움을 겪고 있다. (…) (경제가 발전한) 강현에 대한 권한 확대(強縣擴權)는 시장화 정도가 비교적 높(…)을 경우, 시장 주체의 내재적 요구에 맞춰 실행해야 한다. 이 때문에

> 시관현 체제 폐지는 남(다른 성, 저자 주)이 한다고 무조건 따라 해서는 안 된다(盧毅 2004, 34).

> 성급 (행정구)의 재정이 일정한 재력을 가지고 있을 때, 현급 (행정구)의 재정적 어려움의 해결이나 현역(縣域) 경제 발전을 지원할 수 있다. (따라서) 경제가 발전한 장쑤, 랴오닝(遼寧), 광둥 등의 성은 성관현 체제 실험을 할 수 있다. 반면, 경제가 발전하지 못한 서부 지역의 성들은 계속 시관현 재정 체제를 실시하고 중심 도시가 (현의) 경제를 이끌어 주는 작용(帶動作用)을 충분히 할 수 있도록 해야 한다(謝禹·黃曉偉 2007, 47).

> 일반적으로 말해, 성관현 체제 실시는 경제·정치체제의 개혁과 경제·과학기술의 진보라는 (두 개의) 동력의 공동 추동(推動)(에 의해서이다). 이미 성관현 체제를 기본적으로 실시하고 있는 하이난성과 저장성은 모두 경제가 비교적 발전하고, 상대적으로 시장 기제(機制)가 완전히 갖춰져 있다(楊文彬 2006, 29).

이들은 이처럼 우선 경제의 시장화 수준이 비교적 높은 지역의 경우, 시관현 체제가 국가와 시장 관계 측면에서 더욱 많은 갈등과 문제점을 발생시키고 있다고 주장하고 있다. 결국 이들 지역에서 정부의 기업 활동에 대한 개입에 반대하는 목소리가 높고, 그만큼 성관현 개혁에 대한 사회적 요구가 큰 것으로 해석하고 있다. 결국 이들은 시장화 수준이 높은 성들의 경우, 시장 행위자들의 요구에 따라 성관현 개혁을 실행할 수 있다는 입장이다. 한편 다른 학자들은 경제가 전반적으로 발전한 성은 경제 자원이 비교적 풍부하고 충분한 재력(財力)을 보유하고 있어서, 성관현 개혁이 상대적으로 쉽다는 입장이다. 다시 말해 이들 지역의 성 정부는 풍부한 재정을 활용해 관할 현들을 보조함으로써 이들 현들이 경제적 어려움에서 탈피하거나 경제 발전을 추구하는 데 지원할 수 있기 때문에, 성관현 개혁을 적극적으로 추진할 수 있다는 것이다.

이들의 이런 주장을 놓고 볼 때, 사실 현재 진행되고 있는 성관현 개혁의 중요한 전제 조건이 중국 경제의 시장화와 관련돼 있다는 점은 분명하다. 개혁·개방 이후 중국 정부는 시장의 요구와 지방의 현지 상황에 맞게 권력을 하방한다는 원칙 아래, 정부 기능 전환, 행정 심사 비준 제도 개혁, 정부 간 권력관계 조정 등을 추진해 왔다(孫學玉 2007, 17-18). 그리고 성관현 개혁은 행정 계층의 축소에 의한 행정절차의 간소화, 각종 규제 완화를 통한 국가의 경제 개입 축소를 지향하고 있다. 이와 함께, 지방의 경제 발전 수준이 중국의 행정 체제에 일정한 영향을 주고 있는 것도 사실이다. 곧 성관현 개혁이 요구되는 지역은 기본적으로 시관현 체제가 해당 지역의 성 이하 지방 관리 체제의 주류를 이뤄야 하기 때문이며, 지급시는 경제가 일정 이상 수준일 경우 설립될 수 있기 때문이다. 다시 말해 지급시가 설립되기 위해서는 중앙정부가 요구하는 산업화와 도시화에 대한 시(市) 설치 기준(이를테면 비농업인구, 경제구조, 경제 규모)을 만족해야 한다(吳愛明 編 2005, 64-65; Zhang and Zhao 1998, 330-381).

그렇지만 앞서 언급한 일부 학자들이 주장하고 있는 것처럼, 성 수준의 조건, 곧 성 전체의 평균적인 시장화 수준과 경제 발전 정도가 성관현 개혁 진척 정도에 결정적인(deterministic) 영향을 주는 요인인지는 여전히 의문이다.

이는 우선 일부 성의 개혁 사례들이 이들의 주장과 기대에 어긋나고 있기 때문이다. 앞서 언급한 성급 행정구 가운데 저장성, 장쑤성, 광둥성은 모두 경제 발전과 시장화 수준이 중국에서 수위(首位)를 차지하는 성들이지만, 저장성을 제외하고 장쑤성, 광둥성은 다른 성들에 비해 개혁 수준이 그리 높지 않다. 반면, 후베이성, 지린성 등은 경제 발전과 시장화 정도에서 중국 전체 성들 중에서 중하위권에 속할 뿐만 아니라 장쑤성, 광둥성에 비해서 크게 뒤지지만, 개혁 폭과 추진 속도는 이들 두 개 성을 크게 앞서고 있다. 구체적으로 개혁 초기 시점인 2003년 현재, 저장성의 시장화 지수는 10을 만점으로 할 때 8.74, 1인당 GDP(역내 총생산액)는 1만 8,493위안을 각각 기록했다. 장쑤성은 1인당 GDP가 1만 6,808위안, 시장화 지수는 7.97을 기록했다. 광둥성의 경우 1인당 GDP는 1만 7,213위안, 시장화 지수는 8.99에 이르고 있다. 한편 같은 해 지린성의 1인당 GDP와 시장화 지수는 각각 9,338위안과 4.69를 기록했고, 후베이성의 1인당 GDP는 9,011위안과 5.47을 기록하는 데 그쳤다. 이처럼 지린성, 후베이성은 경제 발전 수준이나 시장화 측면에서 장쑤성, 광둥성에 크게 뒤지고 있지만, 앞서 다룬 것처럼 경제·사회 관리 권한 하방, 재정 성관현 실시 측면에서 이들 성의 개혁 추진 정도는 전체적으로 장쑤성, 광둥성에 크게 앞선다.[8]

둘째, 성 전체의 평균적인 시장화 수준을 성관현 개혁의 직접적인 요구로 해석하기 어렵다는 점이다. 일반적으로 시장화 수준은 크게 행위자와 환경 두 가지 영역의 지표에 의해 측정되며, 이 중 행위자 측면은 비국유기업(非國有企業)의 발전 정도로 측정된다. 환경 측면은 정부와 시장의 관계, 생산품 시장의 발전 정도, 요소 시장의 발전 정도, 시장 중개 조직의 발전 및 법률제도의 정비 수준 등이 주요 측정 지표이다(樊綱·王小魯·朱恒鵬 2007). 이들 환경 요인은 그 자체가 성관현의 사회적 요구로 보기는 어렵다. 이는 환경이 직접적인 행위를 할 수 있는 게 아니기 때문이다. 행위자 요인

8_각 성의 시장화 지수 자료는 樊綱·王小魯·朱恒鵬(2007), 각 성의 1인당 GDP는 國家統計局(2004)을 참조.

의 경우도 구체적으로 살펴보면, 개혁·개방 시기 각 성의 경제 발전 전략에 따라 이 비국유기업의 주요 구성 부분이 현지 민영기업일 수도 있고, 외자기업일 수도 있다. 이를테면 저장성의 경우 현지 민영경제 발전 전략을 추구하면서 현지에 기반을 둔 민영기업이 성 경제의 주축을 이루고 있다. 반면 광둥성은 외자 유치를 중시하면서 외자기업이 이 지역의 경제 발전 과정에서 핵심적인 역할을 해왔다. 그런데 성관현 개혁이 행정 체제 개혁으로 국내 문제의 성격이 강한 데다 중국이 외국의 개입에 민감한 강대국임을 고려할 때, 외자기업이 이들 문제에 개입하기 어려우며 따라서 직접적인 개혁의 추동력이 되기 어렵다. 결국 일부 성들이 동일한 수준의 시장화 수준을 보인다 하더라도 각기 서로 다른 발전 전략에 따라 비국유기업의 주요 구성 부분이 서로 다를 가능성이 존재하기 때문에 시장화 수준을 개혁의 사회적 요구로 곧바로 해석하기는 힘들다.

한편 성 전체의 평균적인 경제 발전 정도와 성관현 개혁 사이의 상관관계에 대한 주장도 '현에 대한 권한 확대를 통한 경제적으로 강한 현 건설'(擴權强縣) 논리에 의해 흔들리고 있다. 다시 말해 저발전 지역의 성관현 개혁 실시를 지지하는 이들은 성관현을 통해 현의 자율성을 증대시키고 기업 활동과 관련된 행정절차를 합리화함으로써, 현(縣) 경제의 발전을 촉진할 수 있다고 주장하고 있다(吉林省擴權強縣領導小組辦公室·吉林省域突破辦公室 2005, 19-20; 李源潮 2007, 1-8). 이와 관련해 리전강(李珍剛)은 하이난성과 충칭시의 경험을 사례로, 성관현 개혁의 실시 여부는 경제 발전 여부가 중요한 것이 아니라 시관현 체제의 결함(이를테면 지나치게 다층적인 행정 계층에 따른 정부 관리 비용의 증대, 행정관리상의 효율성 저하와 재정 부담 과중)이 존재하느냐 아니냐의 문제라고 지적하고 있다(李珍剛 2006, 157). 이런 논리들은 경제적으로 부유한 성들뿐만 아니라 미발전 지역에서도 성관현 개혁을 추진할 수 있는 동력이 존재할 수 있음을 보여 준다.

이처럼 성 수준의 경제 조건, 곧 성 전체의 평균적인 경제 발전 수준이나 시장화 정도가 성관현 개혁에 미치는 영향이 의심스럽다면, 2002~2008년 사이 실시된 성관현 개혁에서 개혁 추진 정도가 지방마다 서로 다르게 나타나는 이유는 무엇인가? 이 책은 이 문제에 대한 답을 찾아보고자 한다.

3. 연구 방법

(1) 사례 분석·비교 분석

성관현 개혁 추진 정도의 지역 간 편차의 원인을 밝히기 위해, 이 책은 사례 분석·비교 분석을 혼합한 형태로 진행된다. 사례 분석 기법을 활용하는 이유는, 이 연구 주제에 대해 학계의 관심이 부족한 상황에서 개혁 추진 정도와 그 원인에 대한 심층적 분석을 통해 이들 사이에 인과관계를 명확히 할 필요가 있기 때문이다. 이 연구는 이런 사례 분석을 위해 '인과 과정 추적 방법'(causal process-tracing method)을 적용한다.

알렉산더 조지(Alexander L. George)와 앤드류 베넷(Andrew Bennett)에 따르면, 인과 과정 추적 이론은 통계적 추론과 맥을 같이하는 주류적 이론인 '선형 인과성'(linear causality) 이론이 모든 정치적 현상을 설명하는 데 유력한 방법론이라는 데 부정적이다(George and Bennett 2005). 이 때문에 선형 인과성에 기초한 방법론들과 달리, 인과 과정 추적 이론은 특정의 정치 현상의 발생은 종종 다수(多數)의 변인들(變因, variables)의 배열과 접합 양식, 이 변인들의 출현 순서 곧 변인들의 선후차성 등에 큰 영향을 받는다고 가정한다.

이런 관점에서 출발해, 이 연구 방법은 원인(독립변인)과 특정의 정치적 결과(종속변인) 사이에 어떤 인과 과정(intervening casual process) — 인과 사슬, 인과 기제(casual mechanism) — 이 존재하는지 밝히는 것을 주요 목적으로 한다. 이와 같은 인과 과정을 밝히는 데 있어서 연구자가 반드시 파악해야 하는 것들은 대략 아래와 같다. 첫째, 특정의 정치 현상이 발생하는 초기 조건은 무엇인가, 그리고 변인(독립변인, 개입변인 포함)들에는 어떤 것들이 있는가? 둘째, 이들 변인들이 어떤 규칙으로 연결되어 있는가? 셋째, 그리고 그 결과로 어떤 형태의 관찰 사건들의 시퀀스(sequence)가 발생하고 있는가?

이와 같은 사례 분석은 사례 간 비교를 염두에 두고 진행함으로써 개혁 추진 정도의 차이에 대한 설명력을 높이도록 한다. 이런 연구 방법은 사례 선택, 실제 분석 과정 등에 적용되며, 이를 활용한 분석 결과는 결론에서 최종적으로 요약, 정리한다.

(2) 분석 대상

이 책은 주로 2002~2008년 사이 저장성, 장쑤성, 지린성의 개혁 경험을 고찰한다. 이들 성의 개혁 사례를 중점적으로 분석하는 이유는 아래와 같이 두 가지다. 우선, 성의 시장화와 경제 발전 수준이 성관현 개혁 추진에 큰 영향을 준다는 중국 내 일반적인 믿음이 잘못된 것임을 명확히 하기 위한 것이다. 둘째, 분석 과정에서 발생할 수 있는 체계적 오차(systemic error)를 최소화할 필요가 있다. 체계적 오차는 측정 대상에 대하여 어떤 영향이 체계적으로 미침으로써, 그 오차가 항상 일정한 방향으로 나타나는 경향, 즉 모든 측정 대상에 대하여 측정 결과가 실제 값보다 높게 나오거나 또는 낮게 나오는 경향으로, 종속변인(특정의 정치적 결과)의 값이 비슷할 경우 발생하기 쉽다(Mahoney and Collier 1996, 60-61). 따라서 이런 오차의 발생 가능성을 줄이기 위해서는 개혁 진척 정도가 서로 상이한 지역을 선택할 필요가 있다.

이런 관점에서 볼 때 저장성, 장쑤성, 지린성의 개혁은 비교적 적절한 분석 사례로 평가할 수 있다. 앞서 언급한 것처럼, 장쑤성과 저장성은 경제 발전과 시장화 정도 면에서 상당히 유사하지만 개혁 추진 정도 면에서는 큰 차이를 보이고 있다. 동시에 지린성은 저장성과 장쑤성의 시장화 및 경제 발전 수준에 미치지 못하지만 성관현 개혁 수준은 장쑤성을 크게 앞서고 있을 뿐만 아니라 저장성에도 뒤지지 않고 있다.

(3) 자료 수집

이 책에서 소개하는 각 성과 자치구의 성관현 개혁 추진 현황에 관한 데이터는 크게 문헌 자료 검토와 인터넷 검색으로 수집했다. 문헌 자료 검토는 중국현역사회경제연감편집부 등이 편찬한 『중국사회경제연감(2000-2005)』(中國縣域社會經濟年鑑編輯部 編 2006)과, 류푸강(劉福剛)과 멍셴장(孟憲江)이 편집한 『중국현역경제연감』(劉福剛·孟憲江 2005; 2006), 각 성과 자치구 정부가 매월 발행하는 『인민정부공보』(人民政府公報) 등에 주로 의존했다. 이와 함께 이 책의 참고문헌에서 소개하고 있는 각 성과 자치구의 인민정부 웹사이트를 통해 관련 데이터를 수집, 정리했다.

이 책에서 성급 행정구의 성관현 개혁의 진척 상황에 대한 논의는 주로 2002~2007년 사이에 실시된 개혁 조치들을 대상으로 한다. 다만 저장성, 장쑤성, 지린성 3개 성의 개혁 경험은 2008년에 실시된 조치들도 포함하였다.[9]

4. 이 책의 구성

이 책은 서론을 포함해 모두 7장으로 구성된다. 다음 장에서는 서론에서 제기한 성관현 개혁 추진 정도의 지역 간 편차의 발생 원인의 분석을 위한 이론적 논의를 할 것이다. 다시 말해 중국 전역에서 왜 성관현 개혁이 2000년대 들어 본격화하고 있는지, 그리고 각 성의 개혁 진척 정도에 미칠 수 있는 다양한 정치·경제적 요인들에는 무엇이 있는지를 살펴본다. 이를 위해 개혁·개방 이후 사회·경제적 환경의 변화로 중국의 행정규범과 이념과 관련해 시관현 체제가 빚어내는 문제들에는 어떤 것들이 있는지를 밝힌

9_성관현 개혁이 현재진행형인데다 이에 대한 구체적인 공식 자료가 잘 공개되지 않고 있어 자료 수집이 쉽지 않다. 이 때문에 최근 실시된 개혁 조치들을 포함한 성급 행정구 사이의 비교 분석을 수행하기 어렵다. 그럼에도 상대적으로 최신 내용을 포함하고 있는 4장, 5장, 6장의 저장성, 장쑤성, 지린성의 개혁 경험에 대한 고찰에서 확인할 수 있는 것처럼, 나머지 성들의 경우 2002~2007년 사이의 조치들에 대한 분석만으로도 성관현 개혁의 추세와 방향을 이해하는 데는 큰 지장이 없을 것으로 보인다.

다. 이를 통해 성관현 개혁이 왜 전국적인 현상이 되고 있는지를 밝히도록 한다. 그리고 성관현 개혁이 성 차원에서 어떻게 추진되고 있는지를 살펴보기 위해, 성관현 개혁에 이해관계가 얽힌 주요 행위자는 누구이고, 이들이 각기 어떤 선호를 지니고 있으며, 개혁 과정에 미칠 수 있는 이들의 영향력은 어떻게 평가할 수 있는지에 대해 논의한다. 이를 기초로 성관현 개혁 진척 정도에서 성 사이에 차이가 발생하고 있는 원인에 관한 분석틀을 제시할 것이다.

3장은 성관현 개혁의 지방 간 편차의 원인에 대한 본격적인 탐색에 앞서, 중국 전역에서 실시돼 온 성관현 개혁의 전반적인 추세를 살펴본다. 이런 작업은 성관현 개혁이 한국 학계에서는 다소 생소한 주제이기 때문에 이 문제에 대한 독자들의 이해를 돕기 위한 것이다. 이런 차원에서 이 장은 우선 중앙정부와 각 성급 정부의 개혁 전략과, 사권, 재권 등 영역별 주요 정책에 대해서 논의한다. 그리고 2장에서 다루는 다양한 정치·경제적 요인들이 2002~2007년 사이 실시된 각 성의 성관현 개혁에 어떻게 투영돼 나타나는지를 개괄적으로 살펴본다. 이런 작업은 이미 성내 전체 현 또는 대부분의 현을 대상으로 시관현 체제를 도입해 시행해 온 성과 자치구들을 주요 대상으로 한다.

4~6장에서는 각각 저장성, 장쑤성, 지린성의 성관현 개혁의 경험을 자세히 살펴본다. 이들 장에서는 개혁·개방 시기 각 성이 선택한 경제 발전 전략과 이에 따라 형성된 독특한 사회·경제적 상황(곧, 성관현 개혁의 초기조건) 아래서 성관현 개혁이 어떻게 추진됐는지를 검토한다. 그리고 이를 통해 성내 정치·경제적 요인, 곧 성의 리더십, 지급시와 현의 선호와 능력, 사회적 요인들이 어떤 식으로 결합해 성관현 개혁에 영향을 주는지를 살펴볼 것이다. 이를 통해 성관현 개혁의 추진 정도가 성 사이에 차이를 보이는 이

유에 대한 이해를 심화하도록 한다.

7장에서는 앞 장에서 다룬 내용을 요약하고, 성관현 개혁의 다양성과 이 책의 연구 결과가 지니고 있는 이론적, 방법론적 함의에 대해서 다룰 것이다. 이는 서론에서 제기한 행정 및 제도의 재조직화 개혁에 대한 '비분배적 정책의 논리'와 같은 기존 이론의 타당성을 검토하는 것과 관련된다. 또 중국 연구에서 성 내부의 요인을 무시하고 성 전체 차원에서 성 정부 행위를 설명하려는 시각을 평가하는 차원에서 진행할 것이다. 이와 함께, 성 정부의 행위를 설명하는 데 있어서 경제적 요인뿐만 아니라 정치적 요인에 대한 검토의 필요성에 대해 논의할 것이다. 마지막으로 사회과학의 방법론적 측면에서, 특정의 사회 또는 정치 현상을 설명하는 데 있어서 선형 인과성뿐만 아니라 비선형 인과성(nonlinear causality)에 대한 관심의 중요성을 지적할 것이다.

2장

성관현 개혁의 영향 요인과 분석틀

1. 신제도주의의 제도 변화 이론

기존에 지급시가 현을 관리하던 데서 성이 직접 현을 관리하도록 하는 '성관현 개혁'은 일종의 제도 변화의 과정으로 이해할 수 있다. 그리고 이와 같은 제도 변화는 신제도주의 이론(New Institutionalism)의 주요 관심사 가운데 하나이다. 이 절에서는 이런 점을 고려해 신제도주의의 제도 변화이론을 살펴봄으로써, 중국의 성관현 개혁이 왜 그리고 어떻게 추진되고 있는지, 나아가 개혁 진척 정도가 왜 성에 따라 서로 다른지에 대한 학술적 탐색의 이론적 기초를 제공하고자 한다.

신제도주의 이론에 따르면 제도는 사회의 구조화한 어떤 측면을 의미하며, 이 제도는 행위자의 선호와 능력에 영향을 줌으로써 그 행위를 제약하지만 동시에 행위자 사이의 상호 작용과 그 결과로서 제도 자체가 변화할 수도 있다. 이런 점에서 제도는 독립변수인 동시에 종속변수로서의 의미를 지니고 있다(하연섭 2003, 285; Kranser 1988, 72). 한편 성관현 개혁은 이후 자세히 살펴볼 것처럼 정부 간 그리고 정부와 사회 간 관계의 조정과 관련되는 일종의 제도 변화(또는 그 과정)로 평가할 수 있기 때문에, 여기서는 제도의 종속변수적 측면에 초점을 두고 논의를 전개한다.

제도 변화는 구조와 행위자 간 상호작용의 산물로(Scott 2001), 기존 제도 내부의 모순, 행위자의 선호, 전략 그리고 능력의 영향을 받는다. 이 중 제도 내부의 모순, 곧 제도 구성 요소 간의 모순은 제도 변화의 중요한 전제 조건이다. 일반적으로 제도는 복수의 요소 — 크게 공식적 요소와 비공식적 요소로 구성된다. 공식적 요소들은 행위자의 행위를 규제하고 제약하며, 여기에는 법률, 헌법, 기타 규정 등이 포함된다. 비공식적 요소에는 규범이나 관습과 같이 행위자의 목표와 이를 추구하는 적절한 방법을 규정하는 일련의 원칙, 어떤 사실(reality)을 '당연한'(taken-for-granted) 것으로 받아들이는 문화 인지적 요소 등이 포함된다(Campbell 2004, 35-36). 특정 제도를 구성하는 이들 요소는 서로 다른 시기에 서로 다른 요구에 의해 형성됐기 때문에 서로 다른 생존 논리를 가지고 있다. 따라서 이들 사이의 긴장은 피할 수 없다. 이런 긴장은 특히 개인이나 집단이 자신의 목적을 달성하는 과정에서 증폭되는 경향이 있다(Orren and Skowrock 1996, 111-146).

이처럼 제도 내부의 모순이 제도 변화의 전제 조건이긴 하지만, 제도 내부의 모순의 존재 그 자체가 자연 발생적으로 제도 변화를 가져오지는 않는다. 달리 말해 제도 변화는 행위자의 행위에 의해서만 가능하다. 특정한 선호(preference)를 지닌 행위자는 경제·사회 환경의 변화 과정에서 종종 기존의 정치·경제적 차원의 '거래 구조'의 변화에 대한 필요성을 인식한다(North 1998, 249-250). 이 때 행위자는 합리적인 방법으로 자신의 선호를 추구한다. 곧 최소 비용을 지불하고 가장 선호하는 결과를 얻으려 한다 (Knight 2001, 27-50).

여기서 한 가지 지적할 점은 모든 행위자들이 동일한 정도로 제도 변화에 영향력을 발휘할 수 있는 것은 아니라는 것이다. 다시 말해 제도 변화는 행위자의 능력, 이들 사이의 권력관계에 영향을 받는다. 부언하면, 특정 사회에서 서로 다른 선호를 지닌 행위자들은 각각 자신들이 보유하고 있는 권력 자원을 이용해 자신의 이익을 실현하려 한다. 그런데 이들 행위자의 능력(또는 권력)은 서로 상이하며, 권력을 보유하지 못한 행위자는 제도 변화에 영향력을 발휘하지 못한다(Levi 1990, 402-418; Knight 2001, 235-283).

결론적으로 특정 제도의 변화를 설명하기 위해서는 기존 제도 내부의 모순, 중요 행위자의 선호, 전략과 능력(이들 사이의 권력관계)을 살펴보아야 한다.

이런 신제도주의의 제도 변화 이론에 기초해, 다음 절에서는 성관현 개혁의 배경에 대한 기존 연구 성과를 제도(곧 시관현 체제) 내부 모순의 측면에서 분석해 볼 것이다. 이어서 주요 행위자의 선호, 전략, 능력과 같은 행위자 요인을 중심으로 성관현 개혁에 미치는 주요 정치·경제적 요인을 살펴볼 것이다.

2. 성관현 개혁에 미치는 주요 정치·경제적 요인

(1) 시관현 체제의 폐해와 한계

신제도주의 제도 변화 이론의 관점에서 볼 때, 기존의 연구는 아래에서 논의하는 바와 같이 시관현 체제의 폐해와 한계라는 제도적 모순(곧 성관현 개혁의 필요성)에 집중돼 있다.[1] 그리고 이 연구 성과들이 제시하고 있는 시관현 체제의 제도적 모순은 크게 두 가지로 나눠 볼 수 있다. 첫째, 시관현 체제가 당초 도입 의도와는 달리 기존 행정 체제의 목적, 규범, 가치에 위배돼 운영되고 있다는 점이다. 둘째, 중국 경제의 시장화가 심화하면서 행정 체제의 규범 자체가 변화했다는 점이다.

① 기존 행정규범과의 긴장·충돌

1980년대 초 중국이 시관현 체제를 시행한 주요 목적은 성의 파출(派出)적 성격의 행정단위인 지구의 기구 간소화 등 행정 비용 감소, 기층에 대한 효율적 관리, 도농 사이의 경제적 연계(連繫) 실현, 중심 도시의 경제 복사 기능 증대를 통한 지역 경제와 현 경제의 발전이다. 구체적으로 시관현 체제 도입 당시 중국의 전반적인 경제 낙후와 이에 따른 통신, 교통 인

1_이 밖에 기존 연구 성과로는 성관현 개혁(또는 체제)의 효과에 대한 분석을 들 수 있다. 이에 대한 자세한 내용은 龔琦·付妮嘉·王雅鵬(2007, 58-62); 中共吉林省黨校'擴權強縣'政策課題組(2006, 92-95); 鄒惠豔·傅光明(2006, 53-57); 趙聚軍(2006, 37-43)을 참조.

프라의 취약으로 성 정부는 현(縣), 향(鄕), 진(鎭) 등 현 이하 기층 관리에 어려움을 겪고 있었으며, 이 때문에 도입한 지구 제도는 대규모의 정부 기구와 인원(人員)을 요구했다. 또 도시와 농촌 간의 연계 부족은 상품의 원활한 유통, 각종 자원의 이동에 장애 요인으로 작용했다. 이런 문제점으로 중국 정부는 1982년 시관현 체제를 도입하게 하게 됐다(浦善新 2006, 79-81; 匡華清 2007; 孫學玉 2007, 18-19). 그러나 시관현 체제는 이와 같은 문제를 극복하는 데 만족스러운 결과를 가져오지 못했다.

우선, 시관현 체제는 중앙정부와 기층 정부 사이의 정보와 자원의 원활한 흐름을 방해함으로써 기층 관리에 어려움을 낳고 있다(劉海英 2006, 98; 湖北省經委課題組 2006, 26-27; 闞忠東 2005, 208-209; 寵明禮 2007, 23; 周季鋼 2006a, 44-46). 과거와 달리 교통·통신 관련 인프라 정비 등으로 이제 성 정부와 현 정부가 정책적 또는 업무적으로 직접 교류할 수 있음에도, 시관현 체제는 이들 정부가 지급시를 경유하도록 함에 따라 정부 사이의 정보 전달 속도와 행정 효율성에 부정적인 영향을 주고 있다(劉海英 2006, 98). 상급 정부의 파출적 성격과 주민자치적 성격의 행정단위를 제외하고도, 중국의 행정 계층은 중앙정부에서 기층의 향진(鄕鎭) 정부까지 5단계에 이르고 있다. 이와 같은 다단계 계층구조 때문에 기층에 대한 효과적인 관리가 어려워지면서, 기층 정부와 간부들은 농민에 대한 토지 보상을 소홀히 하거나, 경제성장(GDP 증가)만을 고려해 환경오염 기업을 유치하는 등 중앙정부의 정책을 제대로 집행하지 않고 있다(喬仁毅 2006). 또 북경대학교 쉬샹린(徐湘林) 교수에 따르면, 중앙정부가 농민에게 제공한 보조금 가운데 상당한 금액이 성 정부, 지급시 정부, 현 정부 등을 거치면서 행방이 묘연해지는 현상이 빚어지고 있기도 하다.

둘째, 지급시가 자신의 이익을 우선적으로 고려하는 태도를 보이면서,

지급시가 현을 관리하도록 하는 시관현 체제는 결국 현 경제의 발전을 촉진하기보다 오히려 가로막고 있다(王克群 2005, 33-34; 孫學玉 2006, 56-59; 湖北省經委課題組 2006, 27; 闞忠東 2005, 210-211; 何顯明 2007a). 이런 현상은 지급시가 자신의 직접적인 관할 지역, 곧 직할구(區)의 경제·사회 발전에 최우선적인 가치를 두고 있는 것과 관련된다. 특히 지급시 정부(또는 간부)는 임기 내 자신들의 실적을 위해 종종 현의 재정을 지급시 건설에 사용하거나, 현 등 농촌 지역의 자원을 중심 도시의 발전에 이용함으로써 현의 이익을 상당 정도 훼손하고 있다. 이런 현상은 1980~90년대에는 주로 지급시가 현 정부에 대한 각종 지표상의 제약 및 정부의 자금의 억류, 시·현(市縣) 간 투자 항목 경쟁, 세수 과다 징수, 각종 행정 심사 허가에서의 제약 등의 형태로 표출됐다. 1990년대 후반부터는 시장에 의해서가 아닌 행정적 방법으로 도시와 농촌 사이의 자원을 배분함으로써, 현 등 농촌 지역의 발전에 악영향을 주고 있다. 이로써 이른바 '시가 현(의 경제)을 압박하고'(市壓縣), '억누르며'(市卡縣), '쥐어짜 내는'(市刮縣) 상황이 빈번하게 발생하고 있다(顏傑坤·鄧繼澤 2008, 48). 이런 요인들로 현재 현(縣) 정부는 재정수입의 60~70%를 중앙, 성, 지급시에 상납하고, 나머지 재정수입의 80~90%를 공무원의 임금 등으로 사용하고 있으며, 현 경제 발전에 투입되는 자금은 10~20%에 지나지 않는 실정이다(周季鋼 2006a, 46). 또 도시와 농촌 간의 이원경제(二元經濟) 구조 심화와 이에 따른 경제력 차이의 확대 등으로 이들 사이의 소득 격차는 1983년 1.8배에서 2002년 3.11배로 매우 커졌다(王克群 2005, 34).

이와 함께 시관현 체제는 기구 간소화 등을 통한 행정 비용 감소라는 당초 도입 의도와는 달리 과도한 행정관리 비용을 요구하고 있다. 쾅화칭(匡華清)의 분석에 따르면 이는 주로 시관현 체제의 영향으로, 각종 정부와 기구가 과도하게 설치돼 있는 것과 관련된다(匡華清 2007). 우선, 지급시 정부와 부문(部門) 기구는 성 정부와 일대일 대응 관계를 갖게 되면서 이전의 지구의 행정관청인 행정공서(공서)에 비해 인원 편제가 크게 증가하게 됐고, 이전에 공서가 소재하고 있던 도시의 시 정부는 그대로 지급시 관할 구 정부로 전환하면서 인원 편제가 줄지 않았다. 다음으로 구 정부 수량의 지나친 증가이다. 일부 지역의 경우 지급시 정부가 들어설 때, 관할 하급 정부의 수량이 얼마 되지 않았다. 이 때문에 지급시 정부의 부문 회의 개최 시 그 모양이 좋지 않다는 이유로 기존의 구를 몇 개로 분할해 구를 증설했다. 이런 현상은 후난성(湖南省)의 지급시 설치 과정에서 쉽게 확인할 수 있다. 이를테면 창사시(長沙市)는 지급시로 전환하는 과정에서 도시 인구가 150여만 명에 불과했지만 5개의 구를 분할, 설립했다. 헝양시(衡陽市)와 주저우시(株洲市)는 도시 인구가 각각 80만 명에 이르지 못했지만 4개의 구를 설립했다. 화이화시(懷化市), 천저우시(郴州市), 융저우시(永州市), 장자제시(張家界市), 이양시(益陽市), 창더시(常德市)도 역내 인구가 각각 단지 몇 십만 명에 그쳐 대다수 현의 인구 규모보다 적었지만, 지급시인데 관할구가 적으면 "그 모양새가 좋지 않다"는 이유로 구를 증설했다. 그리고 이렇게 설치된 구 정부의 기구 및 인원 편제의 규모는 현(縣) 정부와 크게 다르지 않다. 마지막으로 일부 성급 행정구에서 지급시가 과도하게 설치됐다. 예를 들면, 닝샤(寧夏) 자치구는 전체 인구가 600만 명에 지나지 않았지만 4개의 지급시를 설치하고 그 관할 현급 행정구로 24개의 구와 현을 두고 있다. 1988년 설립된 하이난성은 전체 성 인구가 800만 명에 미치지 못하고 그 관할 구와 현이 20개에 지나지 않음에도 다른 성과 격을 맞춘다는 명목으로 2개의 지급시 정부를 설치했다(匡華清 2007). 이처럼 정부와 기구의 과도한 설치는 대규모의 관료 양산으로 이어져 지급시 정부의 재정 부담을 가중시키고 있다. 구체적으로 중등 지급시를 기준으로 할 때, 지급시 청급(廳級), 현 처급(處級)과 과급(科級)의 간부, 재정 부양 공무원과 사업 단위의 인원은 1만 명 이상으로 매년 임금으로만 2억 위안 정도의 재정지출이 이뤄지고 있다. 여기에 물자 조달·관리, 사무 비용 등을 더할 경우 지급시의 1년 재정지출은 5억 위안 정도에 이르게 된다. 이를 전국 280여 개 지급시로 환산하면 매년 지급시 재정지출은 1,400억 위안 이상에 이르는 것으로 추정된다(王克群 2005, 34).

② 시장경제화에 따른 행정규범의 변화

중국의 경제 환경 변화는 행정규범 자체를 변화시키고 있다. 곧 정부의 주요 기능에 대한 규범이 기존의 사회 관리에서 사회와 시장에 대한 서비스 제공, 정부의 효율성 증대로 전환되고 있다. 그리고 이는 '공공서비스 시장화,' '정부 기구 및 행정 심사의 간소화와 권한 하방'(簡政放權), '정부 관리 방식 개혁'으로 표현되고 있다(許耀桐 2004, 91-107; 吳愛明 主編 2004, 69-75; 孫學玉 2007, 17-20; 劉海英 2006, 96-97; Yang 2004).

이와 같은 행정규범의 변화는 경제의 시장화가 심화함에 따라 정부의 경제·사회 영역에 대한 개입 공간이 축소되고, 상대적으로 시장과 사회의 역할과 자율성이 신장되고 있는 것과 관련되다. 특히 시장경제의 발전으로 과거와 달리 정부가 행정적인 수단을 동원해 행정구역과 경제구역을 인위적으로 통일시킬 수 없게 됨으로써 시관현 체제는 심각한 도전을 받게 됐다(孫學玉 2007, 18). 이런 맥락에서 류하이잉(劉海英)은 시장경제화에 따른 시관현 체제의 문제를 아래와 같이 세 가지로 지적하고 있다(劉海英 2006, 96-97). 첫째는 경제 운행 주체상의 문제로, 시관현은 기업이 정부를 통해

표 2-1 | 시장화와 시관현 체제의 제도 환경 변화

	계획경제	시장경제	경제체제 변동 전후 대비	시관현 체제의 문제점
경제 운행 주체	정부	기업	주체가 생산 일선에 더욱 가까워짐, 주체의 주동성·적극성 증대, 주체의 수 증가, 주체의 유형이 더욱 풍부해짐.	'장벽'의 문제: 기업이 정부를 통해서만 도농 간 경제활동을 해야 함에 따라 효율성이 떨어지고, 비용이 많이 들며, 이윤은 적음.
경제 운행 방식	각종 지령성 계획	시장의 규율에 따른 자율적 운행	자원의 합리적 배분 실현, 자원 배분의 비용 감소와 효율성 증가.	'유명무실'의 문제: 각종 지령성 계획이 점차 시장에 의해 대체됨에 따라 계획에 의한 시·현 간 직접적인 경제 교류 사라짐.
상품유통 방법·통로	계획, 정부	시장, 민간	통로 수량 증가, 입체적인 네트워크 구조로 유통이 더욱 신속, 편리해짐.	'유명무실'의 문제: 시·현 간 경제 연계가 점차 민간 통로에 의존하게 됨에 따라 정부 통로는 효율성이 떨어져 점차 도태됨.

자료: 劉海英(2006, 96-97).

서만이 도농 간 경제활동이 가능하도록 함에 따라, 효율성이 떨어지고 비용이 많이 들며 경제적 이익이 떨어지는 문제를 발생시키고 있다. 둘째는 경제 운행 방식상의 문제로, 각종 개혁·개방 이전에 경제활동에서 중요한 기능을 수행했던 지령성 계획이 점차 시장에 의해 대체되면서 시·현 사이의 직접적인 경제 교류가 사라지고 있다. 셋째, 상품유통 통로상의 문제로, 시·현 사이의 경제적인 연계가 점차 민간 부문을 통해 이뤄짐에 따라 정부 통로를 통한 상품유통은 그 효율성이 떨어져 자연스럽게 도태되고 있다.

결국 중국이 시장경제화한 조건 아래 정부의 기능에 대한 규범이 기존의 사회와 시장에 대한 관리에서 이들에 대한 서비스 제공으로 변모하고 있는 가운데, 시관현에 기반을 둔 경제 운행과 상품유통은 불필요하고, 유명무실하며, 오히려 경제활동에 방해가 되고 있는 것이다.

이처럼 선행 연구들은 기존 행정관리의 규범적 요인과 시관현 체제의 실제 운용 사이에 심각한 모순이 존재하고 있을 뿐만 아니라, 중국의 시장경제화로 행정규범 자체가 변화하고 있음을 잘 보여 주고 있다. 그리고 이런 연구 성과들은 왜 중국에서 시관현 체제가 도전받고 있고, 성관현 개혁이 추진되고 있는지를 잘 보여 주고 있다.

(2) 주요 행위자의 선호, 전략 그리고 능력

기존 연구에서 밝히고 있는 시관현 체제의 이와 같은 제도적 모순(시관현 체제의 폐해와 한계)이 실제 제도 변화로 어떻게 이어지는지를 파악하기 위해서는 행위자 요인을 고려해야 한다. 왜냐하면 제도가 스스로 자신을 변화시킬 수는 없기 때문이다. 여기서는 이런 점을 고려해 성관현 개혁과 관련된 주요 행위자의 선호, 전략 그리고 이들의 (상대적) 능력에 주목하면서, 성관현 개혁에 영향을 미칠 수 있는 다양한 정치·경제적 요인을 살펴본다.

필자의 조사에 따르면 성관현 개혁은 일반적으로 성 당위원회(성위, 省委)가 개혁의 실시 여부와 주요 정책적 지침을 정하고, 이후 성 정부가 구체적인 조치를 결정, 실행하는 방식으로 진행되고 있다. 이런 점에서 성관현 개혁은 성 정부의 행위라 할 수 있다. 그리고 기존 연구에 따르면 이런 성 정부의 행위는 주로 중앙과 지방 관계, 성내 정치·경제적 상황 등 두 가지 요인에 크게 영향 받고 있다(Chung 1998, 439-440). 앞서 언급한 시관현 체제의 제도적 모순과 성관현 개혁의 성질을 놓고 볼 때, 2002~2008년 사이 성관현 개혁의 지방 간 편차에 영향에 줄 수 있는 요인은 각급 정부(중앙, 성급, 지급시 및 현급 정부)와 주요 사회 행위자(특히 현지 민영기업)의 선호,

전략, 능력 그리고 이들 사이의 권력관계이다.

① 중앙정부의 개혁 지지와 신중한 태도

국무원의 '행정구획 관리에 관한 규정'(關於行政區劃管理的規定)에 따르면, 현의 관리를 위한 행정 시스템으로 성관현 체제 또는 시관현 체제를 실시하는 문제를 결정할 수 있는 최종적인 권한은 중앙정부인 국무원에 있다(法規中心 編 2008, 3). 이런 권한을 지닌 중앙정부는 성관현 개혁에 일정한 선호를 지니고 있다. 이는 무엇보다 성관현이 현의 자율성을 보장함으로써 현 경제 발전에 도움이 되고, 현 경제 발전은 중앙정부가 추진하는 '사회주의 신농촌'(社會主義新農村), '조화사회'(和諧社會) 건설이라는 정책에도 부합하기 때문이다. 따라서 중앙정부는 성관현 개혁의 필요성을 지속적으로 제기하고 있고, 특히 현의 재정 관리 영역에서의 성관현 실시에 큰 관심을 보이고 있다(張占斌 2007b, 35).

그러나 중앙정부는 지방의 성관현 개혁 실험을 지지하면서도 그동안 신중한 자세를 견지해 왔다. 2005년 '전국 농촌 세비 개혁 공작회의'(全國農村稅費改革工作會議) 개최 시 원자바오(溫家寶) 총리의 성관현 지지 발언 이후(阿源 2005, 6), 앞서 언급한 2009년 중공 중앙 1호 문건에 이르기까지, 중앙정부는 '조건을 갖춘'(具備條件的) 지역은 성관현을 실시할 수 있다고 하면서도 그 조건이 무엇인지 구체적으로 제시하지 않고 있다.

중앙이 이처럼 신중한 자세를 보이는 이유는 우선 각 성이 관할 지급시와 현의 수량 면에서 큰 차이를 보이고 있기 때문이다. 이 때문에 성관현 개혁을 실시할 경우 각 성에 그 효과가 어느 정도인지를 가늠하기 어렵고, 결국 개혁 폭을 중앙정부가 일률적으로 정하기 어려운 점이 있다(孫雷

2005, 1). 이와 함께 성관현 개혁으로 중앙과 지방 사이의 권력관계가 변화할 가능성이 있다는 점도 성관현 개혁에 중앙정부가 신중한 자세를 보이는 이유 가운데 하나이다. 이런 사실은 중앙이 공식적인 견해를 표명하지 않은 가운데, 관련 학자들의 논의를 통해 간접적으로 확인할 수 있다. 이를테면 슝원자오(熊文釗)와 저우톈융 등은 성 규모가 현재와 같은 조건에서 완전한 성관현 체제를 실시할 경우, 성에 권한이 과도하게 집중돼 중앙과 지방 간 권력관계에 균형이 깨지고, 중앙의 지방 통제가 어려울 가능성이 높다고 지적하고 있다(熊文釗 2007, 72; 周天勇·王張江·王安嶺 主編 2007, 182-183). 이 때문에 이들은 정부 관리 계층의 다단계화에 따른 폐해를 줄이고 기층 관리의 효율성을 높이기 위해서는 성관현 개혁을 실시해야 한다고 주장하면서, 현재 성 정부의 관리 규모와 폭이 비교적 크기 때문에 성급 행정구의 분할로 이들의 관할 지역을 축소함으로써 중앙의 지방에 대한 통제를 보장할 필요가 있다고 덧붙이고 있다.

결국 이런 문제를 해결할 수 있는 방안이 마련되지 않은 조건 아래, 중앙정부는 이 책에서 주로 다루고 있는 2002~2007(또는 2008)년 사이 실시된 성관현 개혁 실험에 결정적인 영향을 미치기 어려웠던 것으로 평가할 수 있다.

② 성 리더의 강한 선호와 서로 다른 동원 능력

중앙정부가 이처럼 성관현 개혁에 정치적인 지지를 보내고 있으면서도 실제적이고 구체적인 정책적 조치는 취하지 않고 있는 상황에서, 성관현 개혁 실시 여부는 각 성의 주요 현안에 대한 의제 설정권을 쥐고 있는 성 당위원회 서기와 성장 등 성 리더들에 의해 크게 좌우되어 왔다. 이들은 다른 조건이 동일한 경우, 일반적으로 성관현 개혁에 강한 선호를 보이고 있다. 이는 우선 시관현 체제로 지급시 정부의 권력 확대와 그 독립성이 뚜렷해지면서, 이들이 성 정부의 이익과 관리권에 도전하는 상황이 발생하고 있기 때문이다(周平 主編 2007, 205). 이와 같은 상황은 시관현 체제로 성과 현의 재정적 연계가 중단되고 시·현 사이의 재정적 연계가 밀접해진 것을 이용해, 지급시가 자신의 전체 경제 실력을 증강시키고 성과의 담판 능력을 향상시킬 수 있게 된 것과 관련돼 있다(周平 主編 2007, 205). 특히 성 엘리트들이 성관현을 선호하는 이유는 2000년대 들어 중앙정부가 도농 간 격차 해소를 강조하고 있는 가운데(李昆明 主編 2007, 38-51), 성관현이 현의 경제 발전과 재정 문제 해결의 유력한 방법이라는 이른바 '저장 현상'(浙江現狀)과 '저장 경험'(浙江經驗)이 저장성은 물론 다른 성들에서도 광범위하게 받아들여지고 있는 것과 관련된다. 저장 현상과 저장 경험이란, 저장성이 중앙정부의 방침에 따라 1982년부터 시관현 행정관리 체제를 시행했지만 현의 재정이나 주요 경제관리 권한 등에 대해서는 성관현 요소를 유지하면서 현의 자율성을 보장했고, 이 결과 저장성의 현 경제가 크게 발전할 수 있게 된 것을 가리킨다(林楠·胡作華 2006, 44; 寵明禮 2007, 23). 실제 현의 자율성을 보장해 온 저장성의 현역 경제가 다른 성에 비해 두드러진 발전을 보이고 있는 모습은 중국 현급 행정구 중에서 경제 실력이 가장 뛰어난 이른바 '전국 100 강현'(全國百強縣)에 저장성의 현과 현급시가 다른 성들에 비해 월등히 많다는 사실에서 확인된다. 동시에 비교적 경제가 발전한 연해 지구의 성들 가운데 저장성 농촌 지역 주민의 소득수준이 다른 성들에 비해 현격하게 높은 데서 분명하게 드러난다(〈표 2-2〉 참조).

이런 배경에서 2005년 6월 원자바오 총리가 중앙정부 차원에서 처음으로 성관현 개혁에 관심과 지지를 보이기 이전에 이미 10여 개 성이 개혁

표 2-2 | 저장·광둥·장쑤·산둥 4개 성의 농촌 주민 평균 소득 비교(단위: 위안)

성 \ 연도	1990	1995	2000	2001	2002	2003	2004
저장	1,099.04	2,966.19	4,253.67	4,582.36	4,940.36	5,389.04	5,944.09
광둥	1,043.03	2,699.24	3,654.48	3,911.99	3,911.99	4,054.58	4,365.87
장쑤	959.06	2,456.86	3,959.09	3,979.79	3,979.79	4,239.26	4,743.85
산둥	680.18	1,715.09	2,659.20	2,947.65	2,947.65	3,150.49	3,507.43

자료: 浙江統計局 編(2005, 229).

조치를 단행했다. 필자가 조사한 데 따르면, 2002년 저장성, 2003년 후베이성, 산둥성(山東省), 안후이성(安徽省), 푸젠성, 2004년 헤이룽장성(黑龍江省), 허난성(河南省)이 각각 현에 대한 경제·사회 관리 권한, 즉 사권을 이양했으며, 같은 해 후난성, 윈난성(雲南省) 성위가 현역에 대한 권한 확대를 결정했다. 2005년에 들어서는 1월 허베이성, 5월 광둥성이 사권 이양을 단행했고, 같은 달 내몽골(內蒙古)이 사권 이양을 위한 연구에 착수했다. 그리고 2004년 안후이성과 후베이성, 2005년 1월 허베이성, 장시성(江西省)이 각각 성이 현의 재정을 직접 관리하기 위한 조치를 취했다.[2]

한편 성서기와 성장 등 성 리더들은 과거 업무 영역이나 근무 지역에 따라 성향과 능력, 동원 가능한 권력 자원이 서로 다른 조건에서,[3] 각자 자신이 보유하고 있는 권력 자원에 따라 종종 정치적 동원이나 경제적 자원을 동원하는 방식으로 성관현 개혁을 실시하고 있다.

2_구체적인 내용은 〈부록〉의 성 당정 문건 참조.

3_이를테면 연해 지구에서 성장하거나 경제 관련 부문에서 업무 경험을 쌓은 엘리트들은 그렇지 않은 경우에 비해 경제관리 능력이나 운용 능력이 뛰어나고 또 경제 발전에 더욱 큰 관심을 지니고 있다. 이에 대한 자세한 내용은 Li(2005, 7-8)를 참조.

③ 지급시와 현의 이해관계 대립과 경제적 능력의 차이

다음으로 성관현 개혁의 주요 이해관계 당사자인, 지급시와 현의 성관현에 대한 선호를 살펴볼 필요가 있다. 이는 성내 주요 현안에 대한 정책결정이 이뤄지기 위해서는 성 리더들의 의지뿐만 아니라 현지 간부들의 지지와 동의가 필요하기 때문이다. 특히 개혁·개방 이후 이런 현상이 더욱 강화하고 있기 때문이다(天児慧 2000, 251, 257-264).

우선 지급시는 일반적으로 기존 시관현 체제의 유지를 희망하고 있다. 이는 성관현 개혁이 직접적으로는 지급시의 재정을 감소시키고, 지급시 정부가 발휘할 수 있는 행정 권력의 공간을 축소시킬 것이기 때문이다. 또 간접적으로는 현의 경제관리 권한 확대는 현의 자율적인 자본 유치 및 경제환경 조성을 위한 노력을 불러올 것이고 그만큼 시·현 간 경쟁이 격화하게 돼, 결국 지급시의 경제 발전이 도전받을 수 있기 때문이다(周明生·李猛 2007, 41). 이 때문에 지급시는 영도 간부들이 성관현 개혁 실행 여부를 결정하는 성위의 주요 구성원인 조건에서, 관련 정책 결정 과정이나 정책 집행 과정에서 소극적이거나 심지어 저항하는 모습을 보이고 있다. 특히 지급시의 경제적 능력이 현과 현격하게 차이가 나면서 성 경제의 주축을 이룰 경우 개혁은 상당한 지장을 받고 있다(張占斌 2004c, 26; 首都科學決策研究·北京領導決策信息中心 編 2004). 이에 반해 현은 성관현이 현의 자율성 강화에 기여하는 만큼 개혁에 적극적이다. 이런 사실은 현급 영도 간부들에 대한 설문 조사에서 분명하게 드러난다. 2008년 9월 국가행정학원이 89명의 현급시 시장(市長), 현장(縣長), 구장(區長), 기장(旗長) 등을 대상으로 실시한 조사에 따르면, 전체 응답자(72명)의 95.85%가 성관현 개혁에 찬성을 표시했고, 전체 응답자의 80.56%가 전면적인 성관현 실시가 필요하다고 응답했다(張占斌 2009, 149).

한편 시·현 사이의 경제적 능력의 차이 정도는 시관현 체제의 모순과 시·현 간 갈등 양상에 상당한 영향을 주고 있다. 지급시와 현의 경제적 능력과 관련해 시관현 체제는 크게 네 가지 유형으로 분류할 수 있다. 첫째는 경제가 발전하지 못한(경제적으로 약한) 시가 경제적으로 약한 현을 관리하는 '약시 영도 약현'(弱市領導弱縣) 유형이 있다. 이 유형의 경우 전체 지역의 경제 발전 수준이 낮은 가운데 중심 도시가 아직 형성되지 않은 상태로, 시·현 간 모순은 잠재적 형태로 존재하고 있다. 둘째는 경제가 발전한(강한) 시가 강한 현을 관리하는 '강시 영도 강현'(強市領導強縣) 유형이 있다. 이 유형에 속하는 지역의 경우, 전체 지역 경제가 발전해 있고 일반적으로 개방 정도가 높으며 발전 속도도 상당히 빠르다. 또한 시장경제가 높은 비중을 차지하고 있고 도시 밀도도 높다. 이런 환경에서 시와 현의 경제 실력은 막상막하로 시·현 간 경쟁이 치열하다. 셋째는 중심 도시가 이미 상당 규모를 이루고 있으나 전제 지역 경제는 미발전 상태로, 시·현 간 경제 실력은 현격한 차이를 보이고 있다. 따라서 시·현은 장점을 취하고 단점을 보완하는 관계를 보이고 있어, 시·현 간 모순이 상대적으로 약하다. 마지막으로 경제적으로 약한 시가 경제적으로 강한 현을 관리하는 '약시 영도 강현'(弱市領導強縣)이 있다. 이런 유형은 이른바 '작은 말이 큰 수레를 끄는'(小馬拉大車) 형국으로 비유된다. 이 유형의 가장 큰 특징은 중심 도시의 경제 실력이 상대적으로 약한 반면 현의 경제 실력은 비교적 강한 경우이다. 따라서 이와 같은 시·현 관계에서는 중심 도시가 경제 복사 능력을 충분히 발휘하지 못하고, '강시 영도 강현'과 마찬가지로 시·현 간 경쟁과 이익 다툼이 비교적 치열하다(浦善新 2006, 88-89; 李忠 2005; 周季鋼 2006a, 44-46).

이처럼 현 경제가 지급시에 비해 경제적 실력이 상대적으로 뛰어난 이른바 '약시 영도 강현' 상태에 있거나, 현 경제가 지급시와 비슷한 경제 실력을 자랑하는 형국 곧 '강시 영도 강현'일 경우 지급시와 현 사이에는 각종 경제 자원을 둘러싼 경쟁이 심하며, 따라서 이들은 지급시의 관여와 개입에 강한 반감을 표출하고 있다.

④ 민영경제의 적극적인 지지와 상이한 발전 정도

사회 측면의 주요 행위자는 사영기업(私營企業)과 개체공상호(個體工商戶)이다. 여기서 사영기업은 개인이 투자, 설립해 운영하는 기업으로 고용노동을 기초한 영리성 경제조직을 가리킨다. 이에 대비되는 개념으로 국가가 소유, 관리하는 국유기업(國有企業)이 있다. 한편 개체공상호는 국가에 등록해 상공업 경영에 종사하는 개인 또는 가정 등을 가리킨다. 이들 현지 민영기업은 성관현 개혁을 적극 지지하고 있다. 이는 성관현을 실시할 경우 정부의 개입과 간섭이 많이 줄고, 이에 따라 이들 기업의 경제적, 시간적 비용을 크게 줄일 수 있기 때문이다. 구체적으로 만일 이들 기업들이 성, 지급시, 현 정부로부터 3단계 또는 2단계 심사 허가를 받아야 할 경우, 기업들은 복잡한 심사 허가 절차로 상당한 시간을 허비할 수밖에 없다. 또 경영 비용 면에서 보면 기업이 특정 사업의 심사 허가를 받기 위해 각층 정부에 심사를 요청하는 과정에서 상당한 공식·비공식적 비용이 소요된다. 그런데 기업이 현지 정부의 심사 허가만으로 사업을 추진할 수 있을 경우, 당연히 이런 비용을 크게 줄일 수 있다(傅白水 2007, 27). 실제 2002년 실시된 한 조사에서 사영기업가들은 이와 관련된 요구를 강하게 제기했다. 이 조사에 따르면 전체 응답자(3,256명)의 75%(복수 응답)에 이르는 사영기업가들이 '소프트한'(寬松) 기업 발전 환경 조성을 위해 정부가 노력해 줄 것을

표 2-3 | 사영기업가의 대정부 요구 사항(2002년)

요구 사항	비중(%)	순위
소프트한 기업 발전 환경 조성	74.8	1
사영 부문 생산 재료에 대한 법률상의 명확한 보호	45.6	2
정치제도 개혁 가속화	26.4	3
사영기업에 대한 사회 여론 이해 심화	21.2	4
노동가치론 등 이론상 새로운 돌파구 마련	11.4	5
기타	0.8	6

자료: 張厚義 等 主編(2003, 39).

요구했다(張厚義 等 主編 2003, 39). 이와 같은 요구 수준은 소유권 문제, 정치 개혁, 사영기업에 대한 사회적 여론 환기와 같은 다른 요구에 비해 상당히 높다(〈표 2-3〉 참조).

이와 함께 성관현 개혁 과정에서 종종 민영경제 발전을 위한 정책이 마련되고 있는 점도 민영기업이 성관현 개혁을 지지하는 또 다른 요인이 되고 있다. 이를테면 후베이성 정부는 성관현 개혁 추진 당시, 현역 경제 활력(活力)을 보장하기 위한 조치의 일환으로 중소기업과 민영기업을 위한 재정 지원 방안과 관련 제도 개혁안을 마련했다(王紅茹 等 2007, 20). 후난성 성위와 성 정부도 2004년 '현역 경제의 발전 가속화에 관한 약간의 의견'(關於加快縣域經濟發展若幹問題的意見, 관련 당정 문건 번호 湘發[2004]17號, 이하 같음)에서 현 경제 발전을 위해 현과 현급시의 경제관리 권한을 확대하는 한편 민영경제 발전을 위한 규제 완화를 강조하고 있다. 그리고 헤이룽장 성위도 2006년 '현역 경제 발전을 가속화하기 위한 결정'(中共黑龍江省委關於進一步加快縣域經濟發展的決定, 黑發[2006]16號)에서, 동일한 취지에서 현의 경제·사회 관리 권한을 강화하고 비공유경제(非共有經濟) 발전을 위해 노력해야 한다고 강조하고 있다.

이들 민영기업은 이런 이유로 성관현에 큰 관심과 이해관계를 가지고 있을 뿐만 아니라, 또 자신들의 요구를 관철시킬 수 있는 능력을 보유하고 있다. 이는 개혁·개방, 특히 덩샤오핑(鄧小平)의 1992년 '남순강화'(南巡講話) 이후 민영기업이 급속히 발전하면서 사영기업가 등이 이미 중국의 '신경제 엘리트'로 자리 잡게 된 것과 관련된다. 구체적으로 이들 민영기업은 2000년 장쩌민(江澤民) 전 총서기가 제안해 2002년 개정된 중공당 당장(黨章)에 삽입된 '삼개대표론'(三個代表論)에서 확인할 수 있는 것처럼 중공당 차원에서 이미 그 중요성이 인정되고 있고, 민영기업가들은 제도적, 비제도적인 참여 방식으로 자신의 요구를 각급 정부의 정책에 반영시키고 있다(Dickson 2007, 827-854; 陳家喜 2007). 이런 조건에서 민영기업가들은 자신들의 경제적 능력을 권력 자원으로 활용해 중앙과 지방 각층의 정치협상회의(정협), 인민대표대회(인대) 등에서 성관현 개혁에 대한 자신들의 목소리를 분명히 하고 있다. 이 중 언론 매체의 주목을 받은 대표적인 사례로는 2004년 광둥성 민영기업가인 리더펑(李德鋒) 등 전국인대 대표들의 '성관현 체제 실행 의안' 제출과(林勁松 等 2004; 馮怡駒 編制 2003), 2005년 장쑤성 정협 경제위원회의 성관현 체제 실행에 대한 제안(提案) 제시 등이 있다(陳光明 2006).

민영기업은 이처럼 성관현 개혁을 적극 지지하고 있지만, 개혁·개방 시기 각 성의 경제 발전 전략에 따라 성마다 서로 다른 발전 정도를 보이고 있다. 민영경제의 발전 수준이 높고 성 경제에서 차지하는 비중이 클수록 이들이 성 정책이나 성 정부의 행위에 미치는 영향은 더욱 크다.

이 밖에 성 정부의 관리 능력도 성관현 개혁의 진척에 일정한 영향을 주고 있다. 곧 성 관할 행정단위의 수량이 너무 많을 경우, 기층 정부에 대한 성 정부의 감독과 관리 능력의 한계로 성관현 체제의 도입이 쉽지 않다.

성관현 실현에 적합한 관할 현(현급시 등)의 수량에 대해 현재 학계에서 합의된 의견은 제시되지 않고 있으나, 최대 60개를 넘고 있지는 않다. 구체적으로 쓰촨성 재정청 청장인 장첸터우(長牽頭)는 성에 대한 권한 확대를 실행하기 위해서는 현의 수량이 40개를 넘어서는 안 된다고 주장하고 있다(曾實·丁逃千 等 2007, 2). 지린성 발전연구중심(發展硏究中心)의 랑이화이(郎毅懷)는 성급 정부가 효과적으로 관리할 수 있는 현의 수량을 40~50개 사이로 보고 있다(許安拓 2007, 21; 郎毅懷 2007a). 한편 쑤중이(蘇仲義)는 성이 직접 현을 관리할 수 있는 수량을 50~60개 정도로 인식하고 있다(蘇仲義 2004, 379).

3. 연구를 위한 분석틀과 가설

앞의 논의를 종합하면 시관현 체제가 기존의 행정규범을 제대로 만족시키지 못하고 있을 뿐만 아니라, 개혁·개방과 이에 따른 중국 경제의 시장화로 행정규범 자체가 일정 정도 변화하게 됐다. 이와 같은 상황에서 중앙정부가 개혁·개방의 부작용을 해소하기 위한 차원에서 제기한 '신농촌건설'과, 사회·경제적 환경의 변화에 대응해 제시한 '서비스 정부'의 실현과 같은 새로운 정책과 이념의 출현은 성급 정부의 성관현 개혁 추진의 중요한 배경이 되고 있다.

그런데 서론에서 살펴본 것처럼 성관현 개혁은 진척 정도에서 성급 행정구 사이에 상당한 차이를 보이고 있다. 이런 차이는 중앙정부가 그동안 개혁에 신중한 자세를 보이고 있는 가운데 성내 정치·경제적 요인에 의해

그림 2-1 | 성관현 개혁에 미치는 다양한 요인들

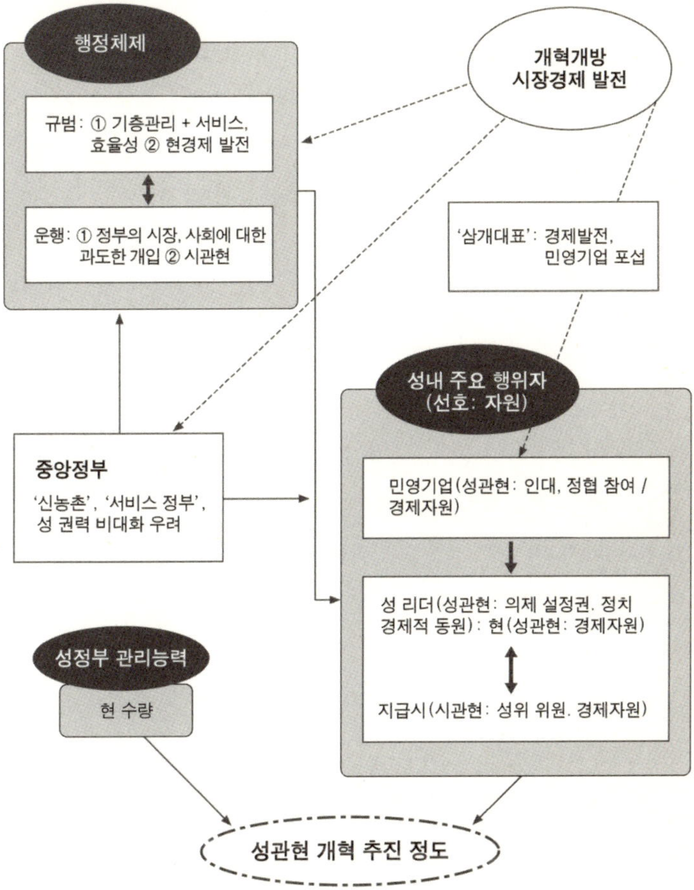

크게 영향 받고 있다. 곧 성 리더십의 개혁 의지와 정치·경제적 능력, 지급시와 현의 상대적인 능력, 사영기업 등 현지 민영기업의 영향력, 성 정부 관리 능력의 한계와 같은 요인이 성의 개혁 추진에 영향을 주고 있다(〈그림 2-1〉 참조).

이런 점들을 종합해 볼 때, 성내 정치·경제적 요인과 성관현 개혁의 진척(또는 추진 정도) 사이의 관계에 대해 아래와 같이 잠정적으로 주장할 수 있다.

(1) 성 리더십의 개혁에 대한 의지가 강하고, 자원 동원 능력이 뛰어나면, 성관현 개혁 진척 정도도 크다.
(2) 관할 현의 수량이 많으면, 성 정부 관리 능력의 한계로 성관현 개혁이 충분히 실현되지 못한다.
(3) 현 경제가 성 경제에서 차지하는 비중이 크면, 성관현 개혁 정도도 크다(지급시 경제가 성 경제에서 차지하는 비중이 크면, 성관현 개혁 진척 정도는 작다).
(4) 민영경제가 발전한 지역의 경우, 그렇지 못한 지역에 비해 성관현 개혁의 진척 정도가 크다.

이 책은 이런 가설의 타당성, 곧 성관현 개혁의 진척 정도와 잠정적인 영향 요인 사이의 관계를 측정하기 위한 구체적인 지표와 방법을 아래와 같이 제시한다.

우선 성관현 개혁의 진척 정도는 '현에 대한 사권 하방 정도(수량),' '현의 재정에 대한 관리 체제'(성관현 또는 시관현) 그리고 '개혁 실험 대상 현의 수량,' '현 영도 간부에 대한 성의 직접 관리 여부'로 평가한다.

다음으로 성관현 개혁에 미칠 수 있는 성내 정치·경제적 요인에 대한 측정은 아래와 같이 실시한다.

첫째, 성 리더십 요인의 경우, 성 리더들의 개혁에 대한 의지는 성관현 개혁 추진 과정에서 이들의 담화나 발언 등을 통해 확인한다. 그리고 능력 요인은 성 리더들이 실제 자신들의 정책적 선호를 집행할 수 있는 정치적 또는 경제적 자원의 동원 능력 등으로 측정한다. 여기서 정치적 동원은 성 리더십이 성관현 개혁의 추진을 위해 성 당위원회 멤버십의 조정과 같은 방식으로 기존 성내 권력 구조를 변화시키는 것을 가리킨다. 경제적 동원은 개혁에 유리한 환경을 조성하기 위한 차원에서 성의 경제 발전을 위해 외부의 투자 및 자본의 유치와 같은 경제적 자원을 획득하기 위한 노력을 가리킨다.

둘째, 지급시와 현의 능력은 주로 성 경제에서 지급시와 현의 경제적 능력으로 측정한다. 구체적으로 지급시와 현의 상대적 경제적 능력은 성 재정수입에 지급시와 현이 각각 차지하는 비중, 지급시와 현의 1인당 GDP 비교 등의 방법으로 측정한다. 이런 평가 방법은 우선 국가 재정에서 중앙재정과 지방재정 간 비율 분석을 통한 중앙-지방 간 권력관계를 분석하는 것이 널리 받아들여지고 있기 때문이다(Hsu 2000, 32-72; Zhang 1999, 115-141; 王喜州 2003, 145-182). 아울러 1인당 GDP를 통한 시·현 간 경제력 비교는 앞서 언급한 푸산신, 리중(李忠)이 제시한 시·현 간 경쟁 구도를 파악하는 데 유용한 평가 방법이라 할 수 있다(浦善新 2006, 88-89; 李忠 2005).

셋째, 현지 민영기업의 영향력 측정의 경우, 민영기업가들의 정책 결정 과정 참여 정도가 유용한 측정 방법이 될 수 있다. 그러나 이런 자료 수집이 쉽지 않은 관계로 민영기업의 경제적 능력, 곧 성의 GDP와 재정수입에 대한 공헌도를 중심으로 민영기업의 영향력을 측정한다.

표 2-4 | 성내 정치·경제적 요인의 영향에 대한 예측 방향

영향 요인	주요 측정 지표	개혁 진척 정도 (예측 방향)
성 리더의 의지와 능력	개혁의 필요성/방식 등에 대한 담화, 발언 정치·경제적 자원 동원 능력.	+
성 정부 관리 능력 제약	관할 현과 현급시 수량.	-
현의 상대적 능력 (지급시의 상대적 능력)	성 재정수입에서 차지하는 비중: 1인당 GDP.	+ (-)
민영경제 영향력	성 GDP의 증가, 성 재정에 대한 공헌도.	+

이 밖에 성 정부 관리 능력에 영향을 미치는 제약 요인은 현의 수량으로 측정한다. 그러나 현 수량은 정치·경제학적 측면에서 그 중요성이 떨어지는 만큼 논의를 간단히 하기 위해 사례 분석 과정에서는 이를 통제하도록 한다. 다시 말해 저장성, 장쑤성, 지린성과 같이 현 수량이 그다지 많지 않은 사례를 선택한다. 2007년 말 현재 저장성, 장쑤성, 지린성의 현급시와 현의 수량은 각각 58, 52, 41개로 앞서 언급한 완전한 성관현 체제 실현의 전제 조건인 60개를 초과하지 않고 있다.

3장

중앙·성의 태도와 성관현 개혁의 전국적 특징

1. 중앙정부의 신중한 접근

현의 관리를 위한 행정관리 체제를 선택할 수 있는 최종 권한은 중앙정부에 있다. 중국의 '행정구획 관리에 관한 규정'에 따르면, 성급 정부는 향진급 행정단위의 설치와 폐지에 대한 권한을, 중앙정부인 국무원은 지구급과 현급 행정단위의 설치와 폐지에 대한 권한을 각각 지니고 있다. 이 밖에 성급 단위의 행정구획 조정은 우리의 국회 격인 전국인민대표대회에서 결정된다(法規中心 編 2008, 3).

이처럼 현급 행정단위의 행정구획 조정에 대한 권한을 지니고 있는 중앙정부는 성관현 개혁에 일정한 선호를 지니고 있다. 중앙 차원에서 성관현에 대한 공식적인 논의가 시작된 시점은 2005년 3월 개최된 제10기 제3

차 전국인민대표대회 회의이다. 이 대회에서 일부 대표들이 '성관현 체제 개혁 방안 제정에 관한 의안'(關於制定'實施省管縣體制改革方案'的議案)을 제출했다(王幼華 2005). 이 의안은 현역 경제의 발전 촉진, 정부 관리 체제의 합리화, 국가 부담 경감과 불필요한 관료 축소, 농민 부담 감소 등을 위해 성관현의 실시를 요구했다(王幼華 2005). 중앙정부의 성관현 개혁에 대한 최초의 공식적인 언급과 지지는 얼마 후인 2005년 6월 개최된 '전국 농촌 세비 개혁 공작회의'에서 원자바오 총리의 발언을 통해서다. 이 회의에서 원자바오는 현·향(縣鄉)의 재정 관리 체제 개혁과 관련해 '조건을 갖춘 지역'(具備條件的地方)은 성관현(省直管縣)과 향 재정의 향 관리(鄉財鄉用鄉管) 개혁을 추진할 수 있을 것이라고 언급했다(阿源 2005, 6). 이후 성관현은 중앙정부의 공식적인 정책 방향으로 자리 잡았다. 2006년 3월 전국인민대표대회에서 공식 확정된 중국의 '국민경제 및 사회 발전 제11차 5개년 규획'은 성 이하 재정 관리 체제의 합리화와 행정 계층 감소를 향후 5년간의 주요 과제로 제시하면서, 조건을 갖춘 지역은 성관현 체제를 실시할 수 있다고 밝히고 있다(全國人民代表大會常務委員會 2006, 202). 또 2007년 제17차 중국공산당 전국대표대회에서 중공당은 '성 이하 재정 관리 체계 개선'(完善省以下財政體制)을 통한 기층 정부의 공공서비스 제공 능력 향상을 경제 제도 개혁의 주요 과제의 하나로 제시함으로써 성관현에 대한 의지를 분명히 했다(胡錦濤 2007, 25). 그리고 2009년 '중앙 1호 문건'에서 중앙정부는 성이 현과 현급시 재정의 직접 관리를 추진하고, 경제 강현의 권한 확대 시험을 안정적으로 추진할 것을 요구하고 있다. 중앙정부는 조건을 갖춘 지역에서 우선적으로 행정 계층을 감소하는 것을 장려하고, 법에 따라 성의 현과 현급시에 대한 직접 관리 시스템을 실시하도록 요구하고 있다(中共中央·國務院 2009).

이처럼 중앙정부가 성관현 개혁을 지지하고 있는 배경은 중국이 당면하고 있는 주요 문제 가운데 하나인 도시와 농촌 사이의 경제 및 소득 격차의 심화와 관련돼 있다. 2002년 제6차 중국공산당 전국대표대회 이후 중공당은 '조화사회,' '균형,' '공평성'과 같은 통치 이념을 새롭게 제시했다(서진영 2008, 543-546). 그리고 도농 간 격차의 심화도 이런 새로운 통치 이념의 출현에 큰 영향을 주었다. 곧 개혁·개방 이후 중국은 도시 지역에서는 급속한 경제 발전을 이룬 반면, 상대적으로 농업과 농촌 경제는 소외되면서 어려움을 겪어 왔다. 동시에 농촌 내부의 각종 환경과 조건의 변화는 새로운 문제를 발생시켰다. 곧 '농민 문제,' '농촌 문제,' '농업 문제'라는 삼농문제(三農問題)가 심화하고 있는 것이다. 이 가운데 농민 문제는 크게 세 가지로 요약할 수 있다. 첫째, 농민 소득 증대의 상대적 지체와 이에 따른 도농 주민 간 소득 격차의 심화다. 둘째, 농민의 경제 이익이 효과적으로 보호받지 못하고 있다는 점이다. 셋째, 농민의 평등권이 제대로 보장받지 못하고 있다는 점이다. 다음으로 농업 문제는 주로 전문화, 분업화하지 못해 생산성이 떨어지는 문제와, 생산요소의 비효율적 투입으로 인한 발전의 지체 문제, 농산품 구조와 시장구조의 불일치에 따른 지속적인 농산품 판매난의 문제가 있다. 마지막으로 농촌 문제는 경제적 낙후와 사회적 낙후 같은 문제가 있다.

이와 같은 문제로 인해 21세기 들어 중국의 중앙정부는 삼농문제 해결을 중요한 과제로 제시하기 시작했다. 구체적으로 2000년 농민 소득 증대 문제가 중공당 제15차 5중 전회에서 주요 의제로 떠올랐다. 그리고 2002년 제16차 중공당 전국대표대회에서 처음으로 도시와 농촌의 경제·사회 발전에 대한 종합적 계획이 제시됐다. 이후 중앙정부의 삼농문제에 대한 인식이 더욱 심화하고, 이를 해결하기 위한 구체적인 방안이 모색되기 시작했다(李昆明 2007, 38-51).

이와 같은 이유로 중앙정부는 성관현 개혁에 우호적인 입장을 보이게 됐다. 중앙정부가 성관현 개혁을 지지하는 구체적인 이유는 무엇보다 '성관현'이 '시관현'에 비해 현의 자율성을 더욱 잘 보장함으로써 현의 경제 발전에 도움이 되고, 현 경제 발전은 중앙정부가 추진하는 '사회주의 신농촌,' '조화사회' 건설이라는 정책에도 부합하기 때문이다(張占斌 2007b, 35).

무엇보다도 중앙정부는 재정 관리 분야의 성관현 개혁에 일차적인 관심을 두고 있다. 이는 중앙정부가 시관현 재정 관리 체제를, 시·현 간 그리고 도농 간 경제 격차를 발생시키는 직접적인 요인으로 인식하고 있기 때문이다. 중앙정부는 1990년대 중반 실시한 분세제(分稅制) 개혁 이후 심화한 현급과 향급 행정단위의 재정 위기와 이와 관련된 경제적 문제들이 시관현 체제에 기인하고 있는 것으로 판단하고 있다. 분세제는 중국이 1994년 도입한 재정 관리 체제로, 이 시스템은 국가 및 각급 정부 사이의 사권과 지출 범위를 명확히 하는 것을 전제로 사권과 재권의 통일이라는 원칙에 따라 중앙과 지방의 세수 관리 권한과 세수 수입을 구분하는 것을 주요 특징으로 한다. 이 재정 관리 시스템에서 지급시는 중심 도시 발전을 명목으로 '시관현'이라는 제도적 장치를 이용해 종종 관할 현의 자금을 억류해 왔다. 2006년 국가발전계획위원회 경제체제 종합개혁사(經濟體制綜合改革司)의 '농촌 정치체제에 관한 연구 보고'(關於農村政治體制的研究報告)는 분세제 재정 관리 체제를 배경으로 한 시관현 체제에 대한 중앙정부의 문제의식을 잘 보여 주고 있다. 이 보고서에 따르면 1994년 분세제 개혁 이후, 성과 시 양급 정부는 현, 향 정부와 세입을 쪼개어 자신들에게 재력이 집중되도록 한 반면, 지출에 대한 책임은 최대한 현, 향 기층 정부로 돌렸다. 이 때문에 재정수입은 상급 정부로 이전되고, 지출 책임은 기층 정부로 떠넘

겨짐으로써 현, 향 정부의 어려움은 가중됐다. 현, 향 정부의 재정 부족은 한편으로는 이들 정부로 하여금 세원(稅源) 확대를 행정의 가장 중요한 목표로 설정하게 했으며, 이 결과 지나치게 경제 건설에만 매달려 투자 및 프로젝트를 유치하고 미시적 경제활동에 지나치게 개입하며 심지어 생태 환경을 희생하는 지경에 이르렀다. 다른 한편, 재정 부족으로 인해 현, 향 정부를 '밥을 먹는(吃飯) 문제 해결'(곧 관료 급여 지급)에 매달리게 함으로써 공공재(公共財)의 적절한 제공이나 사회 관리의 효율적 시행을 보장할 수 없게 됐다. 이로써 향촌 지역에 공공재 공급의 부족이라는 문제를 낳았고, 경제·사회 운용상 불공평, 불공정, 비민주적 현상을 초래했다(宋蕾 2006).

이와 같은 문제의식에서 중앙정부는 성관현 재정 관리 체제 수립에 대한 구체적인 지침을 마련했다. 2009년 6월 공표된 중국 재정부(財政部)의 '성의 현 재정 직접 관리 개혁 추진에 관한 의견'(於推進省直接管理縣財政改革的意見, 財預[2009]78號)에서 중앙정부는 성 이하 재정 관리 체계의 합리화를 통해 시·현 정부 사이의 직능을 신속히 조정하고, 더 나은 공공서비스를 제공할 수 있도록 해야 한다면서 성관현 재정 관리 체제의 필요성을 강조하고 있다(財政部 2009). 그리고 이 의견에서 재정부는 다섯 가지, 곧 재정 수입 및 지출의 구분(收支劃分), 재정 이전(轉移支付), 자금 왕래(資金往來), 재정 예결산(預決算), 연간 재정 결산(年終結算) 영역에서 성관현을 실시할 것을 요구하고 있다. 나아가 민족 자치구를 제외한 나머지 성급 행정단위는 2012년까지 관련 조치를 마무리할 것을 요구하고 있다.

다음으로 중앙은 간부 관리 및 인사 영역에서 성관현 요소를 강화하기 시작했다. 중앙의 현급 간부 관리 영역에서 성관현에 대한 공식적인 첫 의지 표명은 당 간부를 훈련, 양성하는 역할을 맡고 있는 중국공산당 중앙당학교의 교육 대상에 대한 규정이다. 1995년 9월 마련된 '중국공산당 당교

공작 임시 조례'(中國共産黨黨校工作暫行條例)에 따라 그동안 중앙당교의 교육(輪訓) 대상은 성·부급 당 간부(省部級黨員幹部)와 지·청급 정직 당 간부(地廳級正職黨員幹部)로 제한해 왔다. 그런데 2008년 10월 제정된 정식 조례의 제30조는 이들 간부뿐만 아니라 현 당위원회 서기를 교육 대상에 포함시킴으로써 지급시와 현을 동등하게 대우하려는 의지를 분명하게 보여주었다(沈亮 2008, B09).

이후 중공당은 현급 간부의 성 관리를 공식화하는 조치를 취했다. 곧 2009년 4월 중공당 조직부는 '현 당위 서기 대오 건설 강화에 관한 몇 가지의 의견'(關於加強縣委書記隊伍建設的若幹規定)에서 현서기의 선발 임용은 반드시 성급 당 상무위원회(상위) 회의 심사를 거칠 것을 요구하고 있다. 동시에 이 규정은 각 성급 당 조직에 2009년 상반기까지 세부적인 제도를 마련하고, 정책을 집행할 것을 요구하고 있다.

중공당 조직부의 이번 조치는 1983년 시관현 체제 시행 이후 간부를 대상으로 실시하기 시작한 '분급관리·하관일급관리'(分級管理·下管一級管理) 체제에 대한 조정 조치로 해석할 수 있다. 여기서 '분급관리'는 상급과 하급을 명확히 구분한 데 기초해 상급이 하급을 관리하는 것을 가리키며, '하관일급관리'는 상급이 바로 밑의 하급을 관리하는 것을 가리킨다. 다시 말해 기존의 관리 체제에서는 간부 관리 측면에서도 지급시가 현의 간부를 관리했으나, 2009년 중공당 중앙 조직부의 조치로 지급시는 이런 권한을 상당 정도 상실하게 된 것이다. 그리고 2009년의 이런 조치는 실질적으로 현서기의 지위를 한 단계 높이는 것으로, 결과적으로 이는 행정, 재정 영역에서 성관현을 실질적으로 보장하기 위해 인사 부문에서도 지급시의 개입을 줄이려는 것이다. 오랜 기간 시관현 체제를 시행함에 따라 기존 지급시는 현 관리를 통해 상당한 이득을 보아온 상황이므로, 현 인사 영역에 지급시가 큰 영향력을 발휘할 경우 현의 자율성 보장은 그만큼 어려울 것이기 때문이다. 한편 중앙이 현서기의 성 관리를 강조하는 이유는 관리 계층을 감소시킴으로써 현에 대한 중앙의 지배력을 높이기 위한 것이기도 하다. 다시 말해 중앙의 영향력을 강화함으로써, 현급 행정구 등 기층 단위의 각종 사회적 모순과 이에 따른 군중성 사건(群衆性事件)의 급증, 현급 서기의 부패 만연 등을 바로잡기 위한 것이라고 할 수 있다.[1] 이에 더해 현서기 등의 임기의 불안정으로 현 관리나 발전 정책의 일관성 유지 곤란 같은 문제가 발생하고 있는 상황에서 이런 문제를 해소하기 위한 노력이기도 하다(仲新侃·王家敏 2009, 8). 이와 관련 리위안차오(李源潮) 중공당 조직부장은 2009년 5월 개최된 '현서기 대오 건설 강화에 관한 약간의 규정 관철 실행' 좌담회(貫徹落實 〈關於加強縣委書記隊伍建設的若幹規定〉 座談會)에서 아래와 같은 취지의 발언을 했다(楊章懷·彭美 2009, A04).

> 현급 영도자들을 제대로 세우는 일은 전국적인 정세를 기본적으로 안정시키는 것이다. 비록 현서기는 현(縣)·처(處)급 이상 영도 간부의 1%에 이르지 못하지만 이들의 권력, 책임, 영향은 상당히 크다. 따라서 현서기에 대한 요구나 관리는 일반적인 처급 간부처럼 대할 수 없으며 반드시 이들은 중점 관리해야 한다.

중앙이 이처럼 재정과 인사 영역에서 성관현에 대한 구체적인 지침을 제시했지만, 성관현 개혁의 핵심적 요소라 할 현의 경제·사회 관리 권한

1_개혁·개방 과정에서 상대적으로 소외된 계층의 주도로 발생하고 있는 '군중성 사건'은 '군중성 돌발 사건', '돌발성 항쟁 사건', '군중 사건' 등으로도 불린다. 군중성 사건의 발생 배경, 지역 및 영역별 군중성 사건의 특징, 군중성 사건에 대한 중국 당국의 해결 노력 및 관련 법규 등에 대한 자세한 내용은 中國行政管理學會課題組(2009) 참조.

강화, 지급시 폐지와 같은 완전한 의미의 성관현 체제 실현에 대해서는 여전히 신중한 자세를 보이고 있다. 다시 말해 이들 영역의 경우 2005년 원자바오 발언 이후 2009년 중공 중앙 1호 문건에 이르기까지, 중앙정부는 '조건을 갖춘' 지역은 성관현을 실시할 수 있다고 하면서도 그 조건이 무엇인지 구체적으로 제시하지 않고 있다. 또 이 분야에 대한 뚜렷한 정책도 제시하지 않고 있다. 이와 관련, 국가행정학원이 2008년 11월 현서기 294명(응답자 259명)을 대상으로 조사한 데 따르면, 전체 응답자의 82.2%가 중앙정부가 성관현 개혁에 뜻이 있음에도 구체적인 정책을 제시하지 않음으로써, 성관현 개혁의 실천 과정에서 많은 문제점이 출현하고 있다고 답했다(張占斌 2009, 150).

이처럼 중앙정부가 신중한 자세를 보이고 있는 이유는 우선 각 성이 관할 지급시와 현의 수량 면에서 큰 차이를 보이는 등 제반 여건이 제각각이기 때문이다(孫雷 2005, 1). 이 때문에 중앙정부는 각 지방의 처지에 맞게 자체적인 판단에 따라 정책을 집행하도록 하는 '인지제의'(因地制宜)를 강조하고 있다. 또 중앙정부가 완전한 의미의 성관현 체제 시행에 조심스러운 이유는 지방 권력의 지나친 비대화에 대한 우려 때문이다. 다시 말해 일부 성급 행정구의 경우 인구, 관할 지역, 경제적 규모가 현재와 같은 조건에서 완전한 성관현 체제를 실시할 경우 이들 성에 권한이 과도하게 집중되는 결과로 이어져 중앙과 지방 간 권력관계에 균형이 깨지고, 중앙의 지방 통제가 어려울 가능성이 높기 때문이다. 이에 대해 국가행정학원 연구원이자 중앙민족대학 교수인 슝원자오는 아래와 같이 지적하고 있다(熊文釗 2007, 72).

현재 진행 중인 성관현 개혁 방향은 견지해야 한다. 하지만 각 성의 서로 다른 경제적, 사회적 발전 상황, 연해 지역과 내륙 지역 성의 인구수, 경제 규모, 행정관리 방식 등의 차이가 있어 성관현에 대한 요구가 서로 다르다. (…) (그리고) 현재의 성 행정구의 규모에서 성관현을 추진할 경우 성 정부의 권한이 비대해지기 쉽고, 이에 따라 중앙과의 권력 균형이 상실돼 '꼬리가 너무 커서 흔들 수 없는'(尾大不掉, 중앙정부가 성급 정부를 제대로 지휘, 통제할 수 없는) 상황이 발생할 수 있다.

2. 성 정부 주도의 개혁 실험

이처럼 중앙정부가 성관현 개혁에 분명한 선호를 보이고 있고, 2009년 중반 이후 일련의 정책을 발표하고 있다. 그러나 그동안 성관현 개혁은 사실상 지방정부 주도로 진행돼 왔고, 중앙정부는 사후에 이를 인정하는 모습을 보이는 데 그쳤다. 이는 2009년 중앙정부가 재정·인사 부문에서 구체적인 성관현 개혁 정책을 발표하기 이전에 이미 많은 성급 행정구들이 이와 관련된 개혁 조치를 단행한 데서 확인할 수 있다. 필자의 조사에 따르면 2008년 말 현재 31개 성급 행정구 중 티베트, 신장, 구이저우(貴州)를 제외한 28개 성급 행정구가 성관현 관련 조치를 실행했다. 구이저우는 2009년 성관현 개혁 추진을 위한 본격적인 탐색에 나섰다(萬群·趙國梁 2009). 실제 성관현 체제를 도입 또는 실험하고 있는 28개 성급 행정구 중 베이징, 상하이, 톈진, 충칭 등 4개 직할시와 하이난성이 이미 오래전부터 성관현 체제를 유지해 왔고, 나머지 23개 성은 2000년대 들어 개혁 조치를 단행했다. 한편 1988년 설치된 하이난성은 2개의 지급시를 두고 있으나, 성관현 체제를 유지해 왔다. 최근 하이난성은 성 정부의 권한을 이들 시와 현에 하방하는 등 성관현 추세에 대응해 현의 권한을 더욱 확대하는 일련의 조치를 취하고 있다(譚麗琳 2009; 劉紅豔 2009).

필자의 조사에 따르면, 2005년 3월 전국인민대표대회에서 성관현 개혁에 대한 중앙 차원의 첫 논의가 있기 이전에 최소 9개 성이 이미 경제·사회 관리 권한을 현급 행정구에 하방하는 조치를 취했다. 구체적으로 2002년 8월 저장성이 '현(시) 경제관리 권한 확대에 관한 통지'(關於擴大部分縣(市)經濟管理權限的通知, 浙委辦[2002]40號)를 공표했다. 이후 2003년 후베이성(鄂辦發[2003]35號), 안후이성(皖政[2003]37號), 푸젠성(閩委辦發[2003]11號), 산둥성(魯發[2003]25號)이 각각 현급 행정구의 경제·사회 관리 권한을 확대하는 조치를 발표했다. 2004년에 들어서는 헤이룽장(黑政發[2004]18號), 허난성(豫政[2004]32號)이 각각 현의 권한 확대 조치를 취했으며, 위난성(雲發[2004]21號)도 뒤를 이었다. 그리고 2005년 1월 허베이성이 '부분 현(시)에 대한 권한 확대 조치'(擴大部分縣(市)管理權限, 冀政[2005]8號)를 공식 발표했다. 또 중앙정부의 공식 반응이라 할 2005년 6월 원자바오 총리의 발언을 전후해서는 같은 해 5월 광둥성(廣東省 人民政府令 第98號), 6월 지린성(吉政發[2005]16號)이 각각 대규모 권한 하방 조치를 실시했다. 또 같은 달 간쑤성 성위와 성 정부는 13개 현에 대한 권한 확대에 대한 의견(甘肅省委發[2005]33號)을 내놓았다. 이 밖에 2005년 5월에는 내몽골 자치구 정부의 발전개혁위원회가 성관현 개혁 실시를 위한 조사를 실시했고, 이에 기초해 자치구 정부는 부분적으로 기(旗), 현(현급시)의 경제·사회 관리 권한 확대를 위한 조치를 단행했다(內蒙古發展與改革委員會 2005; 楊晶 2007, 7-14). 요컨대 중앙정부인 국무원이 성관현 개혁에 대한 지지를 밝히기 이전에, 기존에 성관현 체제를 유지하고 있던 5개 성급 행정구를 제외한 적어도 13개 성급 행정구가 이미 현의 경제·사회 관리 권한 강화를 위한 개혁에 착수했다.

그림 3-1 | 성관현 개혁 관련 인민일보 만평

주: 성 정부(직속 부문)가 지방 경제·사회의 순조로운 발전을 지원하기 위해 시·현 정부에 각종 권한을 이양하고 있다는 내용.
자료: 劉曉鵬(2008), 第13版.

성관현 재정 관리 체제 영역을 보면, 2005년 3월 전국인민대표대회 이전에 이미 오랫동안 성관현 재정 관리 체제를 유지해 온 저장성 이외에, 2004년 1월 안후이성(皖政[2004]8號), 2004년 4월 후베이성(鄂政發[2004]20號), 2005년 1월 허베이성(冀政[2005]8號)과 장시성(贛政發[2005]2號)이 각각 '전면 관리형' 성관현 재정 관리 체제 실시를 밝혔다. 2005년 6월 지린성(吉政發[2005]17號)이 역시 전면 관리형 성관현 체제를 도입했다. 그리고 2005년 3월 이전 '보조금 관리형' 성관현 재정 관리 체제 실험을 시작한 성은 푸젠성(閩政[2002]40號), 후난성(豫發[2004]7號), 랴오닝성(遼財預[2005]357號) 등이다. 닝샤(桂政發[2004]73號)와 칭하이(青政辦[2005]93號)는 각각 '성·시 공동 관리형' 시스템을 도입하기 시작함으로써 순수한 시관현 재정 관리 체제에서 벗어났다. 장쑤성이 다소 늦은 2007년 초 전면 관리형 성관현 체제를 도입했으나, 이미 2004년 10월부터 성관현 개혁을 위한 작업에 착수했다.[2]

이처럼 중앙정부가 성관현 개혁에 관심을 표명하기 이전에, 산시성(山西省), 산시성(陝西省), 구이저우성을 제외한 21개 성이 이미 경제·사회 관리 권한 확대 조치나 성관현 재정 관리 체제를 실시했거나 이를 위한 준비 작업에 착수했다. 그리고 2006년 산시성(山西省), 2006년과 2007년 산시성(陝西省)이 각각 관련 문건(晉政函[2006]64號; 陝政發[2006]65號; 陝政發[2007]25號)을 통해 성관현 재정 관리 체제나 현의 경제·사회 관리 권한을 확대하는 조치를 취함으로써 티베트, 신장, 구이저우를 제외한 모든 성급 행정구가 성관현 개혁에 착수했다.

이 밖에 현급 간부 인사관리 영역에서도 중앙의 공식적인 지침에 앞서 지방이 먼저 성관현 개혁에 착수했다. 이는 현서기 임용 방식의 변화에서 확인할 수 있다. 성관현 개혁 이전 시관현 체제에서는 일반적으로 현서기의 임용은 지급시가 주도적으로 진행했다. 아래와 같은 현서기의 임용 과정이 이를 잘 보여 주고 있다. 우선 (1) 상급(上一級)인 지급시 당 상무위원회 회의에서 현서기 임용에 관한 '연구'가 이뤄진다. 이 때 서기 임용에 관한 논의는 하나 직접 결정하지는 않는다(議而不決). (2) 지급시는 논의된 내

2_재정 관리 체제의 각 유형이 지니고 있는 구체적인 특징에 대해서는 이 장의 제4절 참조.

용을 성 조직부에 보고하고 동의를 얻는다. (3) 이후 지급시 위원회를 거쳐 임용을 결정한다(楊章懷·彭美 2009). 그런데 2009년 4월 중공당 조직부는 성관현 조치의 일환으로 현서기 관리에 대한 규정을 새롭게 발표하면서, 현서기의 선발·임용은 반드시 성급 당위 상위 회의의 심의를 거치도록 하는 대신 기존의 '지급시 토론'과 성 당위 '조직부 비준' 규정을 삭제했다. 그런데 중앙의 이런 조치가 나오기 이전에 중국 성급 행정구의 50% 정도가 이미 성 당위원회 상임위원회 회의를 거쳐 현서기를 선발·임용하는 조치를 취했다(新浪網 2009).

결론적으로 중국의 성관현 개혁은 우선 성 정부의 주도로 진행돼 왔고, 중앙정부는 사후적으로 이를 추인하는 형태로 나타나고 있다. 이와 같은 현상은 2002~2008년 사이 추진된 성관현 개혁 조치들이 주로 성내 정치·경제적 요인들에 의해 크게 영향 받았음을 시사한다.

3. 성관현 개혁 실험의 일반적 특징

여기서는 2002~2007년 사이 각 성이 실시한 성관현 개혁에서 나타나는 주요 특징들을 살펴본다. 주요 대상은 2004년 현재 성 전체 차원에서 시관현 체제를 실시하고 있거나, 일부 자치주 관할 지역을 제외한 대부분의 현급시와 현을 대상으로 시관현 체제를 도입한 18개 성급 행정구이다. 구체적으로 허베이, 산시(山西), 랴오닝, 지린, 헤이룽장, 장쑤, 저장, 안후이, 푸젠, 장시, 산둥, 허난, 후베이, 후난, 광둥, 쓰촨, 산시(陝西), 간쑤 18개 성이다.

(1) 현역 경제의 자율권 확대 중심의 개혁

우선 그동안 추진된 성관현 개혁은 일정 수준을 넘지 않고 있다. 다시 말해 성관현 체제 실시 여부에 대한 최종 권한을 쥐고 있는 중앙의 개혁에 대한 신중한 태도로, 완전한 성관현 체제의 실험은 나타나지 않고 있다. 이와 관련 2002년 선도적으로 현에 대규모 권한을 이양한 저장성의 경우, 현 전반을 성이 직접 관리할 수 있는 '직할현'(直轄縣) 설립에 대한 논의가 성내에서 진행됐으나, 중앙정부의 불허(不許)를 우려해 현실화하지는 못했다(李梁 2003). 이 때문에 각 성에서 현재까지 실시되고 있는 성관현 개혁은 지급시와 현 사이의 영도 관계는 기존처럼 유지하면서, 앞서 언급한 것처럼 현의 각종 경제·사회 관리 권한 강화, 현에 대한 재정 자주 관리권(財政自主管理權 또는 재권) 부여, 그리고 현의 영도 간부에 대한 성의 직접적 관리 수준에 그치고 있다.

이런 조건에서 성관현 개혁은 현의 경제 발전에 초점을 두고 진행되고 있다. 이를테면 허베이는 2005년 1월 초 성관현 관련 당정 문건(冀政[2005]8號)에서 현에 대한 권한 확대 조치가 현의 자율성 확대로 "현의 경제 발전을 가속화하고, 도시화를 촉진하기 위한" 것임을 분명히 하고 있다. 2005년 6월 관련 부처와 하급 정부에 하달된 지린성 당정 문건(吉政發[2005]16號)은 "현 경제에 활력을 불어넣고, 자주적 발전 능력을 높여 현 경제 발전을 가속화하기 위해" 성관현을 실시한다고 밝히고 있다.

이런 이유로 경제·사회 관리권(사권)의 경우, 사회 관리 권한보다는 기업의 경영 활동과 관련된 각종 행정 심사 권한이 포함된 경제관리 권한이 주로 현에 하방되고 있다. 구체적으로 2005년 허베이성(冀政[2005]8號)의 57개 이양 권한 중 최소 30개가 경제 관련 권한이었다. 특히 2002년 저장

표 3-1 | 저장·헤이룽장·허베이의 사권 하방

성	분야	건수	분류	관련 문건 번호
	발전·계획	16		
	경제 무역	53		
	대외 경제 무역	31		
	국토 자원	11		
	교통	24		
저장 (313건)	건설·환경보호	22	경제관리	冀政 [2005]8號
	재정·세무	11		
	농림·수리·해양·어업	57		
	과학기술·교육·정보산업	21		
	공상·기술·약품 감독	34		
	여행	6		
	노동·인사·민정(民政)	27	일부 사회 관리	
	발전·개혁	10		
	경제 무역	20		
	상무	47		
	국토 자원	15		
	교통	11		
헤이룽장 (218건)	건설·환경보호	17	경제관리	黑政發 [2004]18號
	재정·세무	13		
	공상·품질 기술·식품 의약	12		
	여행	5		
	농림·수리	42		
	노동·인사·민정(民政)	16	부분 사회 관리	
	과학기술·교육·정보산업	10		
	계획	1		
	경비 안배	6		
	세수	8	경제관리	
허베이 (57)	프로젝트	9		冀政 [2005]8號
	토지 이용	6		
	가격 관리	7		
	증명서 발급	17	부분 사회 관리	
	기 타	3	사회 관리	

자료: 필자 작성. 관련 자료는 〈부록〉 당정 문건 참조.

성(浙委辦[2002]40號)의 313개 이양 권한과 2004년 헤이룽장성(黑政發[2004]18號)의 218개 이양 권한은 대부분 경제와 관련돼 있다. 이들 권한에는 발전·계획, 경제 무역, 국토 자원, 건설·환경, 공상(工商)·품질 및 의약(醫藥)

감독, 과학기술·정보산업, 재정·세무, 농림·수리·수산 등 경제와 산업 전반에 걸쳐 있다(〈표 3-1〉 참조).

현의 재권 확대의 경우는 현역 경제 발전과 시·현 간 경제와 소득 격차 해소라는 두 가지 목적이 동시에 나타나고 있다. 이를테면 2007년 쓰촨성(川府發[2007]58號)과 간쑤성(甘政發[2007]51號)은 재정 관리 체제의 합리화를 통한 현 경제의 발전을 성관현 재정 관리 체제 실시의 주요 목적으로 내세우고 있다. 한편 후베이성은 2004년 개혁 조치(鄂政發[2004]20號)의 주요 이유를 현과 향급 정부의 재정 곤란 해소에 두고 있다.

(2) 강현 위주의 권한 확대

경제 발전 현들의 자율권 확대 요구가 경제 낙후 현에 비해 높으면서, 권한 하방은 경제 발전 현에 우선적으로 실시되고 있다.

우선 경제·사회 관리 권한의 하방 실태를 보면, 앞의 18개 성 중 17개 성이 관련 조치를 취한 가운데, 산시, 랴오닝, 저장, 산둥, 허난 등 9개 성이 대부분 경제 발전 현(속칭 강현, 強縣)을 우선적으로 실험 대상으로 선정하고 있다. 한편 안후이와 허베이는 실험 대상 현을 강현 위주로 선정하면서, 일부 경제 낙후 현(속칭 약현, 弱縣)을 포함시키고 있다. 구체적으로 2005년 허베이는 16개 강현과 6개 약현을 대상으로 권한 하방 조치를 실시했고, 안후이는 2007년 권한 이양 당시 10개의 강현과 2개의 약현을 각각 선정했다(〈표 3-2〉 참조).

한편 경제·사회 관리 권한 하방에 비해, 개혁 과정에 관련된 부서가 많지 않아 관련 조치를 취하기가 상대적으로 쉬운 성관현 재정 관리 측면에

표 3-2 | 2002~2007년 17개 성의 사권 하방 대상 현

지역	대상 현	시점 (차 수)	관련 당정 문건(문건 번호)
허베이	강현: 16, 약현: 6	1, 2	冀政[2005]8號, 冀政函[2005]83號
산시(山西)	강현	-	晉政函[2006]64號
랴오닝	강현	1	遼委辦發[2006]31號
지 린	전체 현	1, 2	吉政發[2005]16號, 吉政發[2005]33號
헤이룽장	강현	1	黑政發[2004]18號
저 장	강현	1, 3	浙委辦[2002]40號, 浙委辦[2006]114號
안후이	강현: 10, 약현: 2	2	皖政辦[2007]28號
푸 젠	전체 현	1	閩委辦發[2003]11號
산 둥	강현	1, 2	魯發[2003]25號, 魯發[2006]13號
허 난	강현	1	豫政[2004]32號
후베이	강현	1	鄂辦發[2003]35號
후 난	강현	1	湘辦發[2005]18號
광 둥	전체 현	1	2005년 省人民政府令第98號
쓰 촨	강현	1	川府發[2007]58號
윈 난	강현	-	雲發[2004]21號, 雲政辦發[2004]135號
산시(陝西)	강현	1	陝政發[2007]25號
간 쑤	강현 위주	-	省委發[2005]33號

주: '강현'은 경제 발전 현, '약현'은 경제 낙후 현을 뜻한다.
자료: 필자 작성. 관련 자료는 〈부록〉 당정 문건 참조.

서는 많은 성들이 전체 현을 대상으로 개혁 조치를 단행했다. 〈표 3-3〉과 같이, 18개 성 가운데 14개 성이 '전면 관리' 또는 '보조금 관리' 성관현 재정 체제를 시행했다. 그리고 이 가운데 지린, 장쑤, 저장 등 8개 성이 전체 현을 대상으로 관련 조치를 취했다. 이 표의 각 성의 당정 문건에 따르면, 나머지 6개 성 가운데 허베이, 장시, 쓰촨, 허난 4개 성이 강현을 대상으로, 그리고 산시(陝西)와 간쑤 2개 성은 약현을 위주로 실험 대상 현을 선정했다. 이 중 산시성은 2개의 강현과 13개 약현을 각각 선택했다.

요컨대 현재 성관현 개혁은 '강현의 권한 확대'(強縣擴權) 유형과 '권한 확대를 통한 강현 육성'(擴權強縣) 유형이 공존하는 상황에서 경제 실력이

표 3-3 | 2002~2007년 14개 성의 성관현 재정 관리 체제 대상 현

재정 관리 체제	성	대상 현	근거(문건 번호)
전면 관리	허베이	강현	冀政[2005]8號
	지 린	전체 현	吉政發[2005]17號
	장 쑤	전체 현	蘇政發[2007]29號
	저 장	전체 현	-
	안후이	전체 현	皖政[2004] 8 號
	장 시	약현	贛政發[2005]2號
	후베이	전체 현	鄂政發[2004]20號
	쓰 촨	강현	川府發[2007]58號
	산시(陝西)	약현 위주(2개 강현, 13개 약현)	陝政發[2006]65號
	간 쑤	약현	甘政發[2007]51號
보조금 관리	랴오닝	대부분의 현	遼政辦發[2005]1號
	헤이룽장	전체 현	黑政發[[2006]79號
	푸 젠	전체 현	閩政[2002]40號
	허 난	강현	豫發[2004]7號

자료: 필자 작성. 관련 자료는 〈부록〉 당정 문건 참조.

상대적으로 뛰어난 강현을 대상으로 한 권한 확대 유형이 우세를 보이고 있다.

4. 개혁 진척 정도의 지역 간 차이

(1) 경제·사회 관리 영역

성(省) 사이 정치·경제적 상황의 차이는 개혁 추진 정도의 차이로 이어지고 있다. 구체적으로 〈표 3-4〉와 같이, 18개 성의 사권 하방 규모와 그

표 3-4 | 2002~2007년 18개 성의 경제·사회 관리권 하방 현황

지역	대상 현 수	권한 수	횟수	관련 당정 문건(문건 번호)
허베이	22	65 ◎	2	冀政[2005]8號, 冀政函[2005]83號
산시(山西)	25	-	-	晋政函[2006]64號
랴오닝	15	108	1	遼委辦發[2006]31號
지린	41+1 *	876	2	吉政發[2005]16號, 吉政發[2005]33號
헤이룽장	65(10) *	70(288)◎	2	黑政發[2004]18號, 黑政發[2006]75號
장쑤	0	0	0	-
저장	58+3(1) *	313(785)	3	浙委辦[2002]40號, 浙政發[2003]35號, 浙政辦函[2007]4號
안후이	61(12) *	52(143)	2	皖政[2003]37號, 皖政辦[2007]28號
푸젠	59 *	-	-	閩委辦發[2003]11號
장시	0	0	0	-
산둥	30	13		魯發[2003]25號, 魯發[2006]13號
허난	35(5)	71(80)	1차	豫政[2004]32號
	47(6)	71(80)	2차	豫政辦[2007]108號
후베이	63 *	239	3	鄂辦發[2003]35號, 鄂發[2005]11號, 鄂政發[2006]26號
후난	88	22	1	湘辦發[2005]18號
광둥	67 *	214	1	省政府令第98號(2005)
쓰촨	27	46 ◎	1	川府發[2007]58號
산시(陝西)	20~	15 ◎	1	陝政發[2007]25號
간쑤	13	-	-	省委發[2005]33號

주: ' * ' 은 전체 현을 대상, '+ 숫자'는 지급시 관할구, '( )'는 일부 현과 이에 대한 하방 권한, '◎' 는 상관 문건 내 재권 관련 내용 제외, ' - ' 는 세부 내용 없음을 각각 뜻한다. 하방 권한의 수에는 관련 조치로 '폐지' 된 권한도 포함된다.

자료: 필자 작성. 관련 자료는 〈부록〉 당정 문건 참조.

대상 현의 숫자는 서로 크게 다르다. 이들 성 가운데 사권 이양 대상 현이 40개(앞서 논한 성관현의 효과적 실현을 위해 적합한 성 관할 현의 최대 숫자)를 넘는 성은 모두 10개로, 지린, 헤이룽장, 저장, 안후이, 푸젠, 산둥, 허난, 후베이, 후난, 광둥이다. 이 중 지린, 저장, 후베이, 광둥 4개 성은 100여 건 이상의 권한을 현에 이양했다. 이에 반해 장쑤, 장시 2개 성은 현에 경제·사회 관리 권한을 이양하지 않았다.

(2) 재정 관리 영역

한편 중국의 현(縣) 재정 관리 시스템에는 성관현 체제와 시관현 체제 두 가지가 있다. 시관현 재정 관리 체제는 시가 현의 재정 전반을 관리하는 체제를 가리키며, 성관현 체제는 다시 세 가지 유형으로 나뉜다. 우선 전면 관리형(全面管理型)으로, 이는 재정 체제의 제정(制定), 정부 간 재정 이전 및 특별 지원금 분배, 재정 결산, 수입 입금(報解), 자금 조달(調度), 채무 관리 등 재정 관리 각 방면에서 성이 현을 관리하는 유형이다. 다음으로 보조금 관리형(補助資金管理型)은 주로 재정 이전, 특별 지원금 분배, 자금 조달 등 보조금 영역에 한정해 성이 현의 재정을 관리하는 유형이다. 마지막으로 성·시 공동 관리형(省市共管型)은 재정 이전 등 자금 보조를 할 경우 성이 직접 현을 평가해 보조금 할당 규모 등을 결정하지만 실제 분배와 자금 조달 영역에서는 성은 시를, 시는 현을 관리하는 유형이다(張占斌 2007d, 5; 張志華 2006, 182-183).

〈표 3-5〉는 이 구분 방법에 따라 앞서 언급한 18개 성의 현 재정 관리 실태를 필자가 유형화해 본 것이다. 이 표와 같이 2007년 말 현재 성이 현의 재정 업무 전 영역을 관리하는 조치를 취한 성으로는 허베이, 지린, 장쑤, 저장, 안후이, 장시, 후베이, 쓰촨, 산시(陝西), 간쑤가 있다. 이 중 성내 전체 현(자치주 관할 현 제외) 또는 40개 이상의 현을 대상으로 개혁 조치를 실시한 지역은 지린, 장쑤, 저장, 안후이, 후베이, 장시와 같은 6개 성이다. 보조금 관리에 한해 성관현 개혁을 실시한 지역은 5곳으로, 이 중 40개 이상의 현을 선정한 성은 랴오닝, 헤이룽장 2개 성이다. 한편 광둥과 후난은 여전히 전체 현에 대해 시관현 재정 관리 체제를 유지하고 있다.

표 3-5 | 2002~2007년 18개 성의 현(縣) 재정 관리 개혁 현황

지역	유형	대상 현 수	유형 판단 지표 A	B	C	D	E	F	G	H	관련 당정 문건 (문건 번호)
허베이	전면	22	○	○	○	○	-	○	○	○	冀政[2005]8號
산시(山西)	보조	35	○	○	○	○	-	X	-	X	晋政發[2006]45號
랴오닝	보조	40	-	○	○	-	-	-	-	-	遼財預[2005]357號
지린	전면	33V	○	○	○	○	○	○	○	-	吉政發[2005]17號
헤이룽장	보조	64 *	X	○	○	○	-	-	-	-	黑政發[2006]79號
장쑤	전면	52 *	○	○	○	-	○	○	○	-	蘇政發[2007]29號
저장	전면	58 *	N/A	N/A	N/A	N/A	N/A	N/A	N/A	N/A	N/A
안후이	전면	61 *	○	○	○	○	○	○	○	○	皖政[2004] 8 號
푸젠	보조	59 *	-	○	○	-	-	-	-	-	閩政[2002]40號
장시	전면	59	○	○	○	○	○	○	-	○	贛政發[2005]2號, 贛府字[2007]12號
산둥	공동	51	-	○	X	-	-	-	-	-	魯政辦發[2005]54號
허난	보조	4	○	○	○	○	-	-	○	-	豫發[2004]7號
후베이	전면	55V	○	○	○	○	○	○	○	○	鄂政發[2004]20號
후난	시관	98 *	-	○	-	-	-	-	-	-	湘發[2004]17號
광둥	시관	67 *	-	-	-	-	-	-	-	-	粤府辦[2004]37號
쓰촨	전면	27	○	○	○	○	○	○	○	○	川府發[2007]58號
산시(陝西)	전면	15	○	○	○	○	○	○	○	○	陝政發[2006]65號
간쑤	전면	16	○	○	○	-	○	○	○	○	甘政發[2007]51號

주: ' A'는 재정 결산 , 'B'는 재정 이전, 'C'는 자금 조달, 'D'는 세수 반환, 'E'는 채무 관리, 'F'는 업무 안배, 'G'는 감독 심사, 'H'는 예/결산을 각각 가리킨다. ' * '은 전체 현을 대상, 'V'는 자치주 관할 현 이외 전체 현을 대상으로 재정 관리 체제 개혁을 실시했음을 의미한다. 그리고 'ㅇ'는 성 관리, 'X'는 지급시 관리를 나타내고 ' - '는 근거 문건에 관련 내용이 없음을 뜻한다. 마지막으로 'N/A' 는 자료 내용을 확인하지 못함을 뜻한다. 그리고 '전면'은 전면 관리형, '보조'는 보조금 관리형, '공동'은 성·시(省市) 공동 관리형, '시관'은 시관현 재정 관리 체제를 가리킨다.
자료: 필자 작성. 관련 자료는 〈부록〉 당정 문건 참조.

(3) 성관현 개혁에 미치는 주요 영향 요인에 대한 초보적 평가

사권과 재권 두 분야의 개혁 추진 현황을 종합해 볼 때, 지린, 저장, 후베이가 다른 지역을 크게 앞서고 있다. 이들 3개 성은 전체 현을 대상으로 전면 관리형 성관현 재정 관리 체제를 도입했을 뿐만 아니라, 수백 건의 경제·사회 관리 권한을 전체 관할 현에 이양했다. 이 중 지린과 후베이의 개혁 성과는 성 리더십의 강력한 개혁 추진과 밀접히 관련돼 있다. 이를테면

2005년 지린성 왕민(王珉) 성장은 개혁 추진 과정에서 성관현 개혁의 목적이 기업 경영 환경 개선과 민영기업 발전을 통한 현 경제 발전임을 명확히 한 가운데, 경제 발전에 필요한 성외(省外) 자본과 해외 자본의 유치에 나서 상당한 성과를 거뒀다(王珉 2005a, 114-120; 吉林省人民政府辦公廳 2005a, 42; 吉林省人民政府辦公廳 2005b, 40). 왕민은 장쑤성 쑤저우시(蘇州市) 서기를 역임했으며, 재임 기간 동안 민영기업 육성 전략을 추진, 상당한 성과를 거둔 경험이 있다(施平 2004, A7; 李際洲 2005). 또 후베이성 서기인 위정성(俞正聲)은 중공당 정치국원이라는 지위를 십분 활용, 후베이성의 성관현 개혁을 진두지휘했다(翁仕友 2005, 30; 董月波·黃俊華 2007, 1).

이들 성의 개혁이 현역 경제와 민영경제가 취약한 조건에서 위로부터의 요구에 따른 성격이 짙다면, 저장성은 아래로부터의 요구에 따라 개혁이 적극 추진됐다. 다시 말해 저장성은 현지 사영기업 등 민영경제가 성 경제 발전을 주도하는 한편 이들의 추동에 의해 현 경제 실력이 지급시에 못지않은 조건에서, 이들의 적극적인 요구에 의해 높은 수준의 개혁이 이뤄졌다(李梁 2003; 傅白水 2007, 27). 실제 1978년부터 2000년대 중반 사이 저장성 GDP는 124억 위안에서 1조 5,743억 위안으로 증가한 가운데, 증가량의 75%는 개체공상호, 사영기업 등 민영기업이 창조했다. 같은 기간 공업 증가액은 47억 위안에서 5,993억 위안으로, 증가량의 75%는 민영경제가 기여한 것이다(陸立軍·王祖強 2007, 3). 이와 함께, 저장성의 현 경제는 성 경제에서 중요한 역할을 하고 있다. 이를테면 2002년 저장성의 24개 현이, 2003년에는 27개 현이 각각 경제 실력 면에서 전국 상위 100개 현을 의미하는 '전국 100 강현'에 선정됐으며, 이는 전국적으로 가장 많은 숫자이다. 아울러 2003년 58개 현 중 칭위안현(慶元縣)의 9,596만 위안 이외에, 기타 모든 현의 재정이 1억 위안 이상에 달했다(吳雲法 2004, 39).

반면 지급시가 상대적으로 발전한 랴오닝성, 광둥성, 장쑤성의 경우 뚜렷한 개혁 우세를 보이지 않고 있다. '중국통계연감'(中國統計年鑑)과 '중국도시연감'(中國城市年鑑) 2003년판과 2004년판 자료를 이용해 성 전체 재정수입에서 지급시의 재정수입이 차지하는 비중(2002년과 2003년 평균)을 통해 지급시 능력을 측정해 본 데 따르면, 랴오닝의 지급시는 약 67.5%, 장쑤의 지급시는 약 62.1%, 광둥의 지급시는 약 66.9%로 전체 18개 성 지급시의 평균치인 49.1%에 비해 크게 높다(필자의 계산). 이처럼 지급시 경제 실력이 상당한 조건에서 랴오닝은 단지 15개 현에 한해 사권 이양 조치를 실시했고, 광둥은 여전히 시관현 재정 관리 체제를 유지하고 있으며, 장쑤는 사권 이양 조치를 실시하지 못했다. 이 중 장쑤성은 성관현 개혁을 뒷받침하기 위해 2006년 성 당위원회 위원 선출 과정에서 비밀투표제를 도입함으로써, 현서기가 대거 위원과 후보 위원으로 선출되도록 했다(傅白水 2007, 27; 李芃 2006a, 5). 그러나 이런 개혁 노력에도 지급시의 반대에 부딪쳐 사권 이양, 현서기(縣書記)와 현장(縣長)에 대한 성의 직접적 관리를 포함하는 당초의 성 엘리트의 구상은 실현되지 못했고, 재권 이양 조치를 취하는 데 만족해야 했다(李芃 2006b, 6; 黃勇·高明勇 2007, 12). 이 밖에 광둥성에서는 2005년 개혁 당시 성관현 재정 관리 체제의 도입도 논의됐으나 지급시의 강력한 반대로 무산됐다(chenguang 2007).

그리고 시·현 간 경제력 격차가 심한 안후이, 간쑤도 개혁에 한계를 보이고 있다. '중국통계연감'과 '중국도시연감'의 2004년판 자료를 이용해 필자가 계산해 본 데 따르면, 2003년 전체 18개 성의 1인당 GDP와 지급시 1인당 GDP(지급시 단순 평균)는 각각 1만 620위안과 1만 6,831위안으로 지급시 1인당 GDP가 성 1인당 GDP의 약 1.6배 수준이다. 이에 비해 안후이는 6,455위안과 1만 2,961위안, 간쑤는 5,022위안과 1만 171위안으로 지급시 1인당 GDP가 성 1인당 GDP의 2배, 2.1배에 이르고 있다. 이와 같은 조건에서 안후이는 수십 건의 사권을 이양하는 데 그쳤고, 간쑤는 13개 현을 대상으로 사권 이양을 발표했으나 2007년 말 현재 구체적인 조치를 취하지 않았다.

이 밖에 관할 현의 수가 많은 성들도 성 정부 관리 능력의 한계로 일부 지역에 한해 소폭의 개혁을 실시하는 데 그치고 있다. 이를테면 2004년 현재 허난, 허베이, 쓰촨은 108개, 136개, 138개 현을 각각 설치해 두고 있다. 이들 성은 2002~2007년 사이 20~30여 개 현을 대상으로 수십 건의 권한을 이양하는 소규모 개혁을 실시했음에도 기층 정부에 대한 관리와 감독에서 어려움을 겪고 있다(左昭 等 2005, 15-17).

4장

저장

'강현'(强縣)·'강(强)민영경제'와 선도적 개혁

2002년 저장성은 20개 현급 행정단위에 그동안 지급시만 보유하고 있던 수백 건의 경제·사회 관리 권한을 '하방'함으로써 성관현 개혁의 포문을 열었다. 이를 계기로 시관현 행정관리 체제의 전국적인 시행에도 부분적인 성관현 체제를 유지하며 현급 행정구의 자율성을 보장해 온 저장성의 경험이 다른 성들의 주목을 받게 됐다. 특히 저장성의 현급 행정구의 자율성 보장 조치는 이들 지역의 경제 발전을 이끌어낸 것으로 평가되면서 다른 성들도 적극적으로 현의 자율성 제고와 권한 확대를 위한 일련의 조치를 취함으로써 성관현 개혁은 전국적인 현상이 되었다.

1. 개혁기 현·민영경제 중시의 발전 전략

저장성은 랴오닝성, 장쑤성 등과 같이 전국적 차원에서 볼 때 비교적 빠르게 시관현 체제를 도입했다. 저장성은 중앙정부인 국무원이 1983년 7월 시관현 체제 실시를 요구하는 문건(國函字145號)을 하달하자, 같은 해 9월 저장성 인민정부의 문건(浙政辦56號)을 통해 시관현 체제의 도입을 공식 선언했다. 저장성은 시관현 체제 시행과 함께 항저우시(杭州市), 닝보시(寧波市), 원저우시(溫州市) 3개 성할시(省轄市)를 지급시로 전환했으며, 동시에 자싱 지구(嘉興地區), 사오싱 지구(紹興地區) 등을 폐지하고 자싱시, 후저우시(湖州市), 사오싱시와 같은 3개 지급시를 새로 설치했다. 1985년에 들어서는 진화 지구(金華地區)가 폐지되고, 그 관할에 있던 진화시와 취저우시(衢州市) 2개 현급시가 지급시로 승격되면서, 이들 지급시가 기존 진화 지구의 현급 행정단위를 분할 관리하기 시작했다. 그리고 1987년에 저우산 지구(舟山地區)가 저우산시로, 1993년에는 타이저우 지구(台州地區)가 지급시로 각각 전환되면서, 기존 지구 관할 현급 행정단위를 관리하게 됐다. 이후 2000년 마지막으로 현급시였던 리수이시(麗水市)가 리수이 지구와 통합돼 지급시로 승격됨으로써, 2004년 현재 저장성은 11개 지급시가 58개 현급시와 현을 관리하고 있다(史爲樂 編 2006, 128-145).

저장성은 이처럼 다른 성들과 마찬가지로 시관현 체제를 비교적 일찍 도입했을 뿐만 아니라, 기존에 설치된 지구를 전면적으로 폐지하고 지급시가 성내 모든 현급 행정단위를 관리하도록 함으로써 외형상 완전한 시관현 행정관리 체제를 도입했다. 그러나 저장성은 시관현 체제 도입 당시부터 다른 지역과 달리, 현과 현급시 관리에서 성관현 요소를 유지하는 정책을 견지해 왔다. 다시 말해 닝보시와 항저우시를 제외하고는 현과 현급시 관

그림 4-1 | 저장성 지도

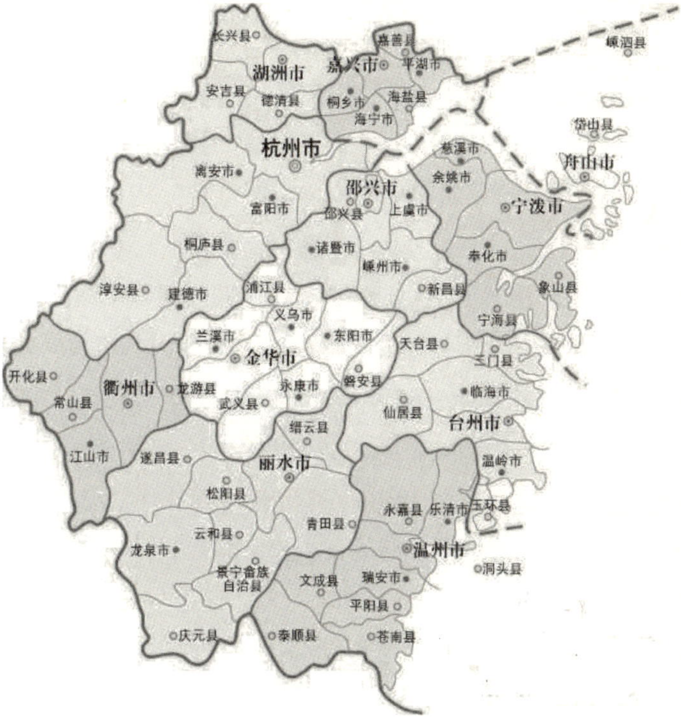

리에서 진정한 의미의 시관현 체제를 수립하지 않았으며, 사실상 시관현 요소와 성관현 요소가 공존하는 혼합형 행정관리 체제를 유지해 왔다(何顯明 2007a). 저장성의 현급 행정구 관리에서 혼합 행정관리 체제의 성격은 경제·사회 관리권(속칭 사권), 재정권(재정 관리 권한), 인사권의 모든 영역에서 나타나고 있다. 우선 사권 영역의 경우, 1983년 저장성은 성 판공청 문

건(浙江辦[84])을 통해 시관현 체제 도입에 맞춰 현의 경제 계획을 시가 관리하도록 하는 새로운 조치를 취했다. 구체적으로 현의 기본 투자 금액, 공·농업 생산 계획, 에너지 물자 분배 계획, 각종 특별 자금 및 물자 분배, 상품유통 계획 등을 시가 관리·감독하도록 한 것이다. 그러나 대외무역 구매, 수출 계획 등과 같은 주요 경제활동 영역에서는 성이 현을 직접 관리하는 정책을 고수했다(盧毅 2004). 특히 현의 재정 관리 영역에서, 저장성은 기존의 성관현 체제를 유지했다. 사실 저장성은 1953년 이후 문화대혁명 기간을 제외하고 줄곧 성관현 재정 관리 체제를 견지해 왔다. 1978년부터 저장성은 지구의 예산 증가 부분을 성, 성할시(또는 지구)와 현으로 분배함으로써 다시 한 번 시(지구)의 현 재정 관리 시스템을 혁파했다. 또 저장성은 1980년부터 저우산 지구를 제외하고, 성, 성할시(지구)와 현의 양급 책임제(포간제, 包幹制)를 실시했다. 1983년 시관현 체제 도입 이후에도 저장성은 이와 같이 성관현 재정 관리 체제를 유지한 것이다. 저장성은 인사관리 방면에서도 성관현 요소를 유지했다. 시관현 체제 도입과 함께 기존에 성 정부와 성의 파출 기구인 지구 행정공서가 현의 영도 간부를 관리하던 방식에서, 현의 서기와 현의 정직(正職) 간부들은 성이 직접 관리하고 부직(副職) 간부들은 시가 관리하는 방식으로 전환했다. 또 현 정직의 직위에 대해서는 청(廳), 국(局)의 부직 이상의 지위를 부여했다. 특히 저장성 당위(黨委)는 경제가 발전한 현(현급시, 지급시 관할구 포함)의 당정(黨政) 정직을 상당히 중요하게 인식해, 이 지역 간부 배치에 대한 연구와 임용에 더욱 많은 신경을 썼다(盧毅 2004; 何顯明 2007b).

저장성이 현급 행정구를 관리하는 데 있어서 이처럼 기존의 성관현 요소를 유지한 배경은 크게 두 가지이다. 첫째, 성의 규모가 비교적 작고 관할 현의 수가 많지 않아 성의 현급 행정구에 대한 직접적인 관리가 용이했기 때문이다. 실제 저장성의 면적은 10만여 평방킬로미터로 전 국토의 1.06%에 불과하며, 시관현 체제 도입 당시 현의 수량도 60개 안팎에 그쳤다. 둘째, 개혁·개방 당시 저장성 경제의 특수성과 관련된다. 저장성은 본래 자원이 부족했을 뿐만 아니라, 연해 지역에 위치해 있다는 이유에서 마오쩌둥(毛澤東) 통치 시기 장기간의 전쟁에 대비해야 했기 때문에 거의 산업화되어 있지 않았다. 이 때문에 개혁·개방 초기 저장성은 전반적으로 전통적인 농업 발전 단계에서 크게 벗어나지 못했다. 1978년 저장성의 농촌[鄕村] 인구는 3,244만 명으로 전체 성 인구의 85.5%를 차지하고 있었지만, 이들이 창출한 사회총생산액은 전체 성의 42.4%에 지나지 않았다. 반면 항저우, 닝보, 원저우 3개 시의 총인구는 527만 명으로 성 전체 인구의 14.5%에 불과했지만, 전체 성 생산액의 57.6%를 점유하고 있었다. 이는 시관현 체제 도입 당시 상당수 지급시와 현의 경제가 사실상 큰 차이가 없었던 상황임을 의미한다. 그리고 이와 같은 산업화의 부진으로 저장성 내의 도시는 크게 발전하지 못했다. 구체적으로 1977년 저장성의 도시화율은 13.8%로 1949년에 견줘 3.8% 포인트 정도 증가하는 데 그쳤다. 또 1949년 저장성에는 앞서 언급한 3개 시 이외도 자싱, 사오싱, 란시(蘭溪) 등 6개 시가 더 있었으나, 마오쩌둥 시기 경제가 지속적으로 낙후되면서 개혁·개방 당시인 1978년 이 시들은 모두 현으로 격하돼 있었다(方民生 等 2000, 59-60). 이런 요인으로 저장성의 경우 1983년 비록 지급시가 새로 설치되기는 했으나, 시관현 체제가 요구하는 '중심 도시에 의한 농촌 지역 발전'이라는 요구를 충분히 만족할 수 없었다(王自亮·錢雪亞 2003, 29). 이와 같은 상황에서 저장성 리더들은 성 경제의 전반적 발전을 위해 시뿐만 아니라 현급 행정구의 경제 발전도 무시할 수 없었다. 요컨대 중심 도시가 현의 발전을 추동할 수 없는 조건에서, 시관현 체제로 현의 자율성이 훼손되는 것을 막기 위해 성관현 체제의 요소를 상당 부분 유지하게 된 것이다.

이와 같은 혼합 체제는 1990년대 들어 경제관리 권한 분야를 중심으로 현의 권한을 강화하는 조치를 취함으로써 시관현 체제의 속성이 더욱 축소되는 경향성을 띠게 됐다. 그 첫 조치는 1992년에 이뤄졌다. 이는 1990년 국무원이 발표한 상하이 발전 전략과 관련된다. 곧 중앙정부의 상하이 푸동 지구 개발 방침에 대응해 저장성은 경제적으로 상하이와 연계를 통한 경제 발전을 모색했다(童大煥 2007, A15). 이를 뒷받침하기 위한 정책적 노력의 일환으로, 1992년 저장성 정부는 상하이에 인접한 쑤산(蕭山), 위항(餘杭), 인(鄞), 츠시(慈溪) 등 13개 현과 현급시의 경제관리 권한을 확대하는 조치를 실시했다. 당시 저장성 판공청 문건(浙政發[1992]169號)에 따르면 기초 인프라 건설, 기술혁신 사업 심사 허가권, 외상 투자 사업 심사 허가권, 관련 심사 허가 수속 간소화와 같은 4개 권한이 이들 현에 부여됐다.

이후 1997년 저장성은 문건(浙政發[1997]53號)을 통해 원래 지급시에만 부여했던 몇 가지 중요한 경제관리 권한을 현급시인 샤오산시와 위항시에 부여했다. 여기에는 대외 경제 무역 심사 허가 관리 권한, 금융 심사 허가 관리 권한, 계획 관리 권한, 토지 관리 권한 등 11개 권한이 포함됐다. 같은 해 저장성 정부는 이들 2개 현급시에 다시 출국 심사 허가권을 부여했다(何顯明 2007b). 이와 같은 조치는 항저우시가 시의 확대를 추진하면서 샤오산과 위항의 부유한 향전(鄉鎭)을 자신의 관할구로 편입시킨 것과 관련된다. 1996년 5월 항저우는 샤오산의 푸옌전(浦沿鎭), 시싱전(西興鎭), 창허전(長河鎭)과 위항의 싼둔전(三墩鎭)을 각각 자신의 시후구(西湖區)로 편입시켰으며, 위항시의 주바오전(九堡鎭)과 샤사향(下沙鄉)은 관할 장간구(江幹區)로 편입시켰다. 이런 상황에서 샤오산과 위항은 이 조치로 입은 손실에 대한 보상을 성 정부에 요구했고, 성 정부는 이 지역의 경제적 활기가 위축되는 것을 막기 위해 이 현급시의 경제관리 권한 확대를 결정했다.

한편 이 시기 저장성은 재정 관리 영역에서도 현의 재권 보호를 위한 일정한 조치를 취했다. 무엇보다 저장성은 1994년 분세제 개혁 조치에도 일관되게 성관현 재정 관리 체제를 유지함으로써 현의 재정 자율성을 보장하는 정책을 유지했다. 분세제 개혁 이후 지급시들은 성관현 재정 관리 체제가 지급시의 현과 현급시의 재정 관리 권한을 침범하고 있고, 중심 도시의 건설과 도시화를 방해한다며 다른 성들과 마찬가지로 시관현 재정 관리 체제를 시행할 것을 성 정부에 요구했다. 그러나 성 정부는 성관현 재정 관리 시스템을 포기하지 않았다(林楠·胡作華 2006, 45). 이 밖에 1993년 분세제 도입 직전에는 성, 시, 현 사이의 재정수입 분배와 세수 반환 문제 등에서 그 관계를 명확히 규정함으로써, 현의 경제 발전, 재원 마련, 낙후한 현(현급시)에 대한 재정 이전 문제의 해결을 위한 기본 조치를 취했다. 1994년 이후에는 재정수입 1억 이상을 기준으로 경제 발달 현(현급시)과 미발달 현(현급시)을 나누고, 발달 지역에는 장려 정책을 펴는 한편 미발달 지역에 대해서는 재정을 적극 지원하는 일련의 정책을 내놓았다. 또 1990년대 후반 '양보양괘'(兩保兩掛), '양보양련'(兩保兩聯) 정책을 내놓았다. 이 정책은 중앙정부의 세수 정책 보장과 재정수입의 균형 보장 등을 전제로, 성이 현에 대한 재정상의 보조 및 장려 등을 통해 현 경제를 지지해 주는 것을 목적으로 하고 있다(劉海英 2006, 131).

저장성이 1990년대에도 재정 관리와 인사관리 측면에서 이처럼 성관현 체제를 견지하고, 일부 경제관리 권한을 현에 하방하는 등 지급시에 대해 현 경제의 자율권을 지속적으로 보장·강화한 것은, 당시 현역 경제의 실력이 전반적으로 지급시에 못지않았기 때문이다. 이에 더해 저장성의 경제 발전이 정부의 개입을 달가워하지 않는 민영경제에 크게 의존하고 있던 것과도 관련된다.

구체적으로 1990년대 현 경제의 실력을 보면, 1993년 저장 30여 개 경제 발달 현(현급시)의 재정수입은 성 전체 재정수입의 70%를 차지했다(賈擁民 2004, 65). 그리고 저장성 내의 현 중에서 1991년에는 12개, 1992년에는 21개, 1994년에는 23개 현이 경제 실력 측면에서 '전국 100 강현'에 포함됐다(沈建明 2003, 12). 이런 상황에서 저장성은 시관현 체제로 인해 지급시가 중심 도시 발전을 명목으로 현 경제 발전을 억누르게 되고, 결과적으로 당시 주요 경제 현안이었던 농촌 문제의 해결을 어렵게 할 가능성을 우려했던 것이다(賈擁民 2004, 65; 張道剛 2004, 7).

동시에 정부의 개입과 간섭에 부정적인 태도를 보이고 있는 민영기업이 개혁·개방 이래 저장성 전체 경제와 현역 경제의 발전을 이끌어 왔다는 점이다. 개혁·개방 초기 저장성은 지리적인 이유 등으로 국가의 투자가 적었고, 이 때문에 현지 자본의 축적이 미미했다. 이런 조건에서 저장성 리더들은 경제 발전을 위해 개체공상호, 사영기업 등 민영경제 주도의 발전 전략을 채택했다. 저장성은 민영경제를 경계했던 당시의 사회·정치적 분위기에도 민영경제 발전에 제한을 두지 않았을 뿐만 아니라, 오히려 민영경제 발전을 위한 법적, 제도적 보장 조치를 취했다(陳文玲·王飛 2004, 478; 方民生 2000, 316-317). 이와 함께 성 정부에서 기층 정부에 이르기까지 민영기업에 대한 재정, 행정, 금융상의 혜택도 부여했다(Forster 1988, 170-171, 198). 이에 따라 개혁·개방 이후 저장성의 경제 발전은 사실상 민영경제가 주도하게 됐다. 1978년 국유경제(國有經濟)가 전체 GDP의 47.8%, 집체경제(集體經濟)가 55.7%, 개체공상호, 사영경제 등 비공유경제가 6% 정도를 차지했다. 1990년에 이르러 국유경제의 비중은 28.4%로 크게 감소한 반면, 집체 경제, 개체·사영경제의 비중은 GDP의 70%로 증가했다. 이 중

개체·사영경제의 비중은 18.5%였다. 1997년 국유경제의 비중은 29.6%였으며, 집체 경제의 비중은 36.7%를 기록한 가운데, 개체·사영기업 등 비공유경제의 비중은 33.7%로 크게 증가했다. 이와 함께 1997년 민영경제의 세수 비중은 25%를 넘어섰다. 그런데 개혁·개방 초기 사회·정치적으로 민영경제를 경계하던 상황에서 상당수 민영기업들의 '붉은 모자 착용'(帶紅帽) 현상 — 실질적으로는 사영기업이면서도 표면적으로는 집체기업(集體企業)과 같은 사회주의적 소유제 기업 형태를 하고 있었다는 점 — 을 고려하면,[3] 사실상 저장성은 민영경제의 주도로 경제 발전을 이뤘다고 할 수 있다. 특히 1998년에 1인당 GDP를 기준으로 경제 발전 속도가 가장 빠른 20개 현(시) 가운데, 2/3 이상 지역에서 민영경제가 해당 지역의 공업 생산액에서 차지하는 비중이 50%를 초과했다(甘肅省非公有制經濟考察團 2002, 17; 劉孟達 2007, 43; 黃孟複 主編 2004, 156; 陸立軍·王祖強 2007, 97).

2. 혼합 행정관리 체제하 시·현 간 경쟁

1980~1990년대 저장성 정부가 추진해 온 현의 자율성 보장 노력이 순조롭게 진행된 것은 아니었다. 이 시기 지급시는 성 정부의 이런 정책에 지

3_집체기업(集體企業)은 집체 소유제 기업(集體所有制企業)의 줄임말로, 기업의 재산은 '노동 대중'이 집단적으로 소유하고, 공동 노동을 실시하며, 노동에 따라 소득을 분배하는 사회주의적 경제조직을 가리킨다. 이 집체기업은 1990년대 후반 소유제 개혁을 거치면서 상당수의 기업이 민영화, 사영화했다.

속적으로 맞섰으며, 이 과정에서 시와 현 사이 경쟁과 대립이 다양한 형태로 표출됐다.

(1) 경제관리 권한을 둘러싼 시·현 간 경쟁

우선 1986년 일부 지급시는 성 정부에 다른 성과 마찬가지로 저장성의 현(縣) 재정 역시 시(市)가 관리하도록 해야 한다고 주장했다. 이에 대해 성 정부는 이 문제의 해결을 위해서는 시와 현 사이의 '사상 통일'이 먼저 이뤄져야 하며, 이를 위해 시와 현이 우선 논의를 통해 의견을 일치시킬 필요가 있다고 함으로써 사실상 지급시와 현에 이 문제를 떠넘겼다. 이후 시의 요구는 현의 강력한 반대에 부딪혔으며, 양측 사이에 일정 기간 힘겨루기가 진행되다 최종적으로 시관현 재정 관리 체제의 도입은 무산됐다(傅白水 2006, 43-44).

앞서 언급한, 1992년 경제 발전 속도가 비교적 빠른 3개 현(현급시)에 대한 저장성의 권한 확대 조치는 지급시의 저항을 불러일으켰다. 당시 사오싱현의 발전계획국 직원이었던 니자량(倪家亮)의 회고에 따르면, 성 정부의 권한 확대 조치는 원칙적 성격의 '의견'(意見)으로 실제 집행 과정에서 지급시와 성 부서의 의견이 서로 달라 일부 권한의 경우 실제로는 하방되지 못했다. 또 하방된 권한도 현이 성과 직접 교류하는 것을 지구가 그다지 환영하지 않아, 사오싱현은 일부 권한과 관련해서는 성에 직접 보고하고, 다른 일부는 지구에 보고할 수밖에 없었다(李梁 2003).

1993년 저장성에서는 중심 도시 기능 강화의 필요성에 대한 논의가 일면서 다시 한번 시관현 재정 관리 체제 도입을 둘러싼 의견 대립이 발생했다. 성 정부 내 일부 부서는 저장성은 중심 도시의 경제가 그다지 발전하지 못해, 이른바 '작은 말이 큰 수레를 끄는'(小馬拉大車, 상대적으로 경제적 능력이 떨어지는 지급시가 자신보다 경제력이 뛰어난 현을 관리하는) 상황이 빚어지고 있다는 우려를 표명했다. 그리고 이와 같은 현상은 성이 현의 재정을 직접 관리함으로써 중심 도시의 기능을 제약하고 있기 때문이라며 이를 바로잡을 필요가 있다고 주장했다. 이에 맞서 현은 대도시는 응당 자기 힘으로 성장을 해야 하며, 현의 자원을 동원해 성장하려는 것은 잘못됐다며 시관현 체제 도입에 저항했다. 이와 같은 상황에서 당시 성장이었던 선쭈룬(沈祖倫)은 저장성의 강현(强縣) 정책은 근거가 있는 것으로 강제적으로 조정해서는 안 된다며 기존 현의 자율권 보장 정책을 고수했다(傅白水 2006).

1994년 분세제 개혁 이후 저장성에서는 성관현 재정 관리 체제에 대한 논란이 적지 않게 일었다. 이는 저장성의 정책이 다른 성들과 다를 뿐만 아니라 국가 행정관리 체계와도 충돌하는 측면이 있었기 때문이다. 이 때문에 적지 않은 사람들이, 성관현 재정 관리 체제가 관할 현급 행정단위의 재정을 관리하는 지급시 정부의 권한을 침해하고 중심 도시의 건설과 도시화를 가로막고 있다고 주장했다. 이에 대해 당시 저장성 리더들은 성관현이 기층 발전에 유리하다며 기존 관리 체제에 대한 지지를 분명히 했다(林楠·胡作華 2006, 45).

그러나 1990년대 후반, 저장성은 그동안 시관현 재정 관리 체제 실시를 지속적으로 요구해 온 지급시에 일정한 양보를 하는 정책을 실시했다. 이른바 '세 가지 보장, 세 가지 연계' 정책이 그것이다. 1999년 저장성 정부는 10개 지급시에 대해 '삼보삼련'(三保三聯), '삼보삼괘'(三保三掛)라는 재정 정책을 발표했다. 이 정책에 따라 항저우, 원저우, 사오싱, 후저우, 타이저우 6개 지급시와 관할 현(또는 현급시)에 대해서는 삼보삼련 정책, 한편 취저우, 저우산, 리수이, 진화 지역에는 삼보삼괘 정책을 실시했다. 이 정책은 기존의 '양보양련,' '양보양괘'에 더해 '일보일련'(一保一聯) 또는 '일보일괘'(一保一掛)를 추가한 정책이다. 여기서 '일보'는 관할 현(시)의 당년 재정 수입과 지출의 균형을 보장한다는 뜻이며, '일련'(또는 일괘)은 지급시의 관리 비용을 비롯한 도시 건설 비용을 보조해 준다는 것이다(劉海英 2006, 131; 福建省財政廳 2002). 결국 이 정책으로 지급시는 중심 도시 건설을 위한 보조금 혜택을 받게 됐다. 성 정부는 지급시에 이와 같은 양보를 하는 대신에 성관현 재정 관리 체제를 유지할 수 있게 됐다.

(2) 행정구획 조정

〈표 4-1〉에서 확인할 수 있는 것처럼, 개혁·개방 이래 저장성의 지급시들은 현과 현급시의 합병을 지속적으로 추진해 왔다. 이는 종종 성 정부의 현 자율권 보장 정책에 맞서, 지급시가 중심 도시 건설 등을 이유로 현을 자신의 관할구로 편입시키는 전략을 채택한 것과 관련된다. 다시 말해 지급시의 현 합병은 성 정부의 성관현 개혁 조치에 대항해 자신의 경제적 능력을 향상시키려는 의도와 밀접히 관련돼 있다(張道剛 2004, 10).

구체적으로 1980년대 이후 저장성의 행정단위 변동 추이를 보면, 지급시 관할구의 수는 1983년 시관현 체제 도입 당시 16개에서 1992년 20개로 전체 현급 행정구에서 차지하는 비중은 1983년 19%에서 4% 포인트 증가한 23%를 기록했다. 1990년대 중반부터 지급시의 현과 현급시 합병 현상은 더욱 심화해, 1992년 20개에서 2004년에 32개로 증가했다. 이 결과

표 4-1 | 1980~2004년 저장성 현급 행정구 변동 추이(단위: 개, %)

행정구 \ 연도		1980	1983	1986	1989	1992	1995	1998	2001	2004
현(시)	현급시	5	3	6	15	20	22	23	22	22
	현	65	66	62	51	45	39	38	36	35
	자치현	1	1	1	1	1	1	1	1	1
	합계	71	70	69	67	66	62	62	59	58
지급시구		13	16	20	20	20	23	24	29	32
현급 합계		84	86	89	87	86	85	86	88	90
구 비중		15	19	22	23	23	27	28	33	36

자료: 필자 작성. 관련 데이터는 중국행정구획망.

2004년 전체 현급 행정구에서 지급시 관할구가 차지하는 비중은 36%로 1992년에 견줘 13% 포인트가량 증가했다.

1990년대 중·후반 지급시의 현과 현급시 합병 현상이 심화된 것은, 우선 각급 정부 사이에 불필요한 경쟁에 따른 문제를 해소하기 위한 노력의 일환에서였다. 이를테면 지급시 도시 지역 내에 지급시 정부, 현(현급시) 정부, 구 정부가 들어서는 이른바 '한 거리에 세 개 정부'(一條街上三個政府) 현상으로 중복 건설, 자원 배분의 낭비, 재정 및 세수의 불일치 문제가 발생하게 된 것과 관련된다. 이 때문에 성 정부는 지급시 내의 현을 우선적으로 폐지하고 지급시의 관할구로 편입시키는 정책을 폈다(吳雲法 2004, 34). 또 다른 이유는 지급시와 현 사이의 경쟁에 따른 것이었다. 1990년대 후반에는 비록 '권한 확대를 통한 경제 강현'(擴權強縣) 정책을 통해 현 경제를 발전시키는 것이 성 정부의 정책이긴 했지만, 지급시의 자아의식 확대와 시·현 정책에 대한 저장성 정부의 미묘한 조정(현 경제 발전에서 중심 도시 발전으로의 경사)으로 시·현 간 경쟁이 격화했다. 이런 상황에서 지급시들은 부유한 현(현급시)을 자신들의 구로 편입시키는 데 성공했다. 이의 대표적인 사례로는 1994년 타이저우시의 황옌(黃岩) 합병과, 특히 2002년 경제 발전 현급 행정구에 대한 권확 확대 조치를 앞두고 항저우시의 샤오산과 위항 합병(2001년), 닝보시의 인현(鄞縣) 합병(2002년) 등이 있다(孫展 2004a, 40).

3. 성관현 개혁의 본격화

이처럼 1990년대 지급시와 현 사이의 경쟁이 심화하는 가운데, 21세기 들어 저장성은 현의 자율성을 더욱 강화하는 전략을 선택했다. 이런 저장성의 정책은, 앞서 언급한 1997년의 권한 확대 조치로 샤오산과 위항의 경제가 급속히 발전하자 다른 현(현급시)도 이들 지역과 동일한 대우를 해 줄 것을 저장성 정부에 지속적으로 요구한 것과 관련된다(孫展 2004a, 39). 이와 같은 요구에 대응해 성 정부는 2000년 9월 '저장성의 도시화 추진 가속화에 관한 몇 가지 정책의 통지'(關於加快推進浙江城市化若幹政策的通知)에서 '기초 시설 조건이 비교적 좋고, 발전 전망이 비교적 좋은 현과 현급시에 지급시의 일부 경제관리 권한을 부여할' 것이라고 밝혔다(袁華明 2003, 19). 이후 저장성 정부는 2002년 상반기에 현의 경제관리 권한 확대를 위한 본격적인 연구 조사 작업에 들어갔다. 이 과정에서 현지 민영기업 등을 대신해 현급 정부와 간부들은 권한 확대를 강력히 요구했다. 특히 민영경제의 영향력이 다른 지역에 비해 강했던 이우시(義烏市)의 경우 그 요구는 더욱 컸다. 이를테면 이우시 간부들은 성위 정책연구실 등으로 구성된 권한확대 조사단이 이우시를 방문할 당시, 60여 건 이상의 권한 이양을 즉석에서 제기할 정도였다. 이와 같은 현과 현급시의 요구와 조사 결과를 토대로, 저장성 정부는 2002년 우선 경제가 비교적 발전한 현(현급시, 지급시의 관할구)을 대상으로 권한 확대 조치를 실시했다. 이후 경제 미발전 지역의 현급 행정구들 사이에서도 권한 확대 요구가 크게 일면서, 2003년 9월 저장성은 2002년에 일부 현급 행정구에 하방된 것과 동일한 권한을 나머지 현급 행정단위에도 부여하는 조치를 취했다(李梁 2003; 江西辦 2007).

2000년대 들어 저장성 정부가 현급 행정구의 경제 권한을 이처럼 확대하기 시작한 것은, 앞서 언급한 대로 현 경제와 민영기업의 발전 그리고 지급시 경제 능력의 상대적 한계와 크게 관련돼 있다.

첫째, 개체·사영경제가 현 경제의 주도적 지위를 차지하게 되었다. 저장성의 개체·사영기업의 발전 수준은 중국 전역에서 최고 수준으로, 200년 이후 이들 민영경제가 전체 성 GDP 증가에서 차지하는 비중이 50%를 넘어섰다. 2004~2005년 사이 개체·사영경제가 전체 성 GDP 증가에서 차지하는 비중은 70%, 또 재정수입에서 차지하는 비중은 60%에 달한다. 특히 민영경제는 현 경제 발전의 주요 동력이다. 2003년 전국 100 강현에 속한 약 30개 현(시)의 절대 다수의 지역에서, 민영경제가 차지하는 비중은 80%, 공업총생산액은 90%를 넘어섰다(中華全國工商業聯合會·中國民(私)營經濟研究會 主編 2007, 212; 黃孟複·胡德平 主編 2006, 465). 1999~2003년 사이 도시와 농촌 지역의 사영 부문 비중에 대한 통계는 이들 사영기업이 현역 경제에서 특히 발전하고 있음을 잘 보여 주고 있다. 저장성 비국유경제연감(浙江非國有經濟年鑑) 2000~2004년판 자료를 분석한 데 따르면, 이 시기 GDP를 기준으로 저장성 개체·사영경제의 65.3~76.6% 정도가 농촌 지역에 위치한 반면, 도시 지역(城鎮)은 23.4~32.3% 수준에 그쳤다.

둘째, 2002년 현재 24개 현(시)이 전국 100 강현에 올랐으며, 이는 전국 31개 성급 행정구 중에서 가장 많은 숫자다. 2003년에는 3개가 더 증가

표 4-2 | 2002년 저장성 58개 현(현급시)의 성내 상대적 경제 능력

구분	발달 정도	수량 (개)	GDP (억 위안)	1인당 GDP (위안) *	1차 : 2차 : 3차 산업 (%)
현 (시)	발달	2	335.42	29,115	8.02 : 62.61 : 29.36
	차(次)발달(상)	19	2,345.46	20,289	10.07 : 57.63 : 32.30
	차(次)발달(하)	9	897.57	14,884	10.51 : 56.61 : 32.89
	낙후	28	1,075.24	7,888	14.92 : 50.51 : 34.51
	현(시) 전체	58	4,653.69	-	11.13 : 56.15 : 32.71
성 전체	-		7796	16,383	8.90 : 51.08 : 46.15

주: ' * '은 현(시)의 1인당 GDP는 현(시)의 단순산술평균이다. 여기서 '발달'은 성 1인당 GDP를 기준으로, 현(시) 1인당 GDP가 1.5배 이상, '차발달(상)'은 1~1.5배, '차발달(하)'는 0.75~1배, '낙후'는 0.75 이하를 가리킨다.
자료: 필자 작성. 관련 데이터는 浙江省統計局 編(2003).

한 27개 현(시)이 전국 100 강현에 포함됐다. 그리고 2003년 58개 현(시)의 재정수입은, 칭위안현의 9,596만 위안을 제외하면 모두 1억 위안 이상에 달했다(吳雲法 2004, 39). 이와 함께 천차이(陳才) 등이 제시한 분석 방법, 곧 성의 1인당 GDP와 현(시)의 1인당 GDP의 비교를 통해 측정한 현(시)의 전반적인 경제 발전 구도에 따르면, 2002년 성의 1인당 GDP보다 그 규모가 큰 현(시)은 총 21개로 전체 58개 현(시)의 36.2%에 달한다(陳才·馬廷玉·楊曉慧 2007, 69). 이는 경제 실력이 비슷한 장쑤성의 현(시)과 비교할 때 17.7% 포인트 높은 수치이다(〈표 4-2〉, 다음 장의 〈표 5-4〉 참조).

셋째, 현 경제의 발전은 상대적으로 지급시 능력의 한계로 이어지고 있다. 필자가 중국통계연감 자료를 이용해 분석한 데 따르면, 2002년과 2003년의 기간 동안 저장성과 경제 실력이 비슷한 랴오닝성, 장쑤성, 광둥성 지급시의 세수 총액은 전체 성 세수액의 67.5%, 62.1%, 66.9%에 달했다. 이에 반해 저장성 지급시는 성 세수 총액의 50.7% 수준을 차지하는 데 그쳤다.

이처럼 민영경제의 발전, 경제 강현의 다수 출현이라는 환경에서, 성 리더들은 현의 권한을 더욱 확대할 필요성을 인식하게 됐다. 이는 2002년 8월 성 정부가 개최한 '전 성 경제 강현 좌담회'(全省經濟強縣(市)座談會)에서 당시 저장성 서기였던 장더장(張德江)의 발언을 통해 확인해 볼 수 있다(周詠南 2002).

> 현 경제의 발전은 저장 경제 발전의 특징이자 장점으로, 경제 강현은 우리 성의 중요 지주(支柱)이다. 경제 강현의 권한 확대는 경제 강현의 '더 빠르고 더 좋은 발전'(更快更好發展)에 유리하고, (…) 경제 강현의 도시화에 유리해 전 성의 대중소 도시의 협력 발전을 촉진할 것이며 (…) 경제 강현의 대외 개방 확대에 유리해 국제경쟁력을 높일 것이며, 심사 비준 제도 개혁에 유리하며, (…) 전 성의 지역 간 협력·발전에 유리해 우리 성의 현대화 건설을 전면적으로 추진하는 데 상당히 중요한 의의를 지니고 있다.

이와 같이 현 자율권 강화의 필요성에 대한 성 리더의 인식과 함께, 저장성 정부는 2002년 8월 비교적 경제가 발전한 20개 현(현급시, 지급시 관할구)에 대규모 경제관리 권한 확대 조치를 발표했다.[4] 권한이 확대된 지역은 사오싱, 원링(溫嶺), 츠시, 주지(諸暨), 위야오(餘姚) 등 17개 현과 현급시, 항저우시의 2개 관할구(샤오산, 위항), 닝보시의 1개 관할구인 인저우구(鄞州區)가 포함됐다. 이 중 일부 현(시)은 상급 지급시에 비해 경제 발전 수준이 더욱 높다. 이를테면 2002년 자싱시의 1인당 GDP는 2만 978위안이었

4_17개 현과 현급시는 저장성 현급 행정단위 중에서 전반적으로 경제 발전 수준이 높은 곳이다. 그러나 이들 현과 현급시보다 경제 수준이 높은 일부 지역은 상급 지급시의 견제와 반발로 2002년 개혁 실험 대상에서 제외됐다. 비교적 경제가 발전한 현(시) 중 개혁에서 제외된 곳으로는 자싱시의 하이옌현(海鹽縣, 2002년 성 1인당 GDP 기준 58개 현 중 8위. 이하 같음), 저우산시의 성쓰현(嵊泗縣, 10위), 항저우시의 린안시(臨安市, 16위) 등이 있다.

표 4-3 | 2002년 권한 확대 대상 17개 현(현급시)의 경제 상황(단위: 억 위안, 위안)

현(현급시)	GDP	1인당 GDP	순위 *	상급 지급시	현(시)	GDP	1인당 GDP	순위 *	상급 지급시
富陽市	127.06	20,471	12	杭州市	嘉善縣	88	23,096	5	嘉興市
臨安市	96.56	18,685	16	杭州市	諸暨市	200.3	18,,906	15	紹興市
餘姚市	185.57	22,440	6	寧波市	上虞市	157.45	20,336	13	紹興市
慈溪市	206.93	20,547	11	寧波市	紹興縣	235.09	32,557	1	紹興市
瑞安市	168.33	15,073	26	溫州市	東陽市	122.8	15,572	24	金華市
樂清市	186.5	16,160	22	溫州市	義烏市	156.08	23,148	4	金華市
平湖市	103.53	21,431	9	嘉興市	溫嶺市	217.48	19,046	14	台州市
海寧市	155.28	24,247	3	嘉興市	玉環縣	100.33	25,672	2	台州市
桐鄉市	147.27	22,346	7	嘉興市					

주: * 저장성 58개 현(시) 중 1인당 GDP 순위.
자료: 필자 작성. 관련 데이터는 浙江省統計局 編(2003).

던 반면, 관할 핑후(平湖), 하이닝(海寧), 퉁시앙(桐鄉), 자산(嘉善)은 2만 1,431위안, 2만 4,247위안, 2만 2,346위안, 2만 3,096위안을 기록했다. 또 진화시의 1인당 GDP는 1만 3,179위안에 그친 반면, 그 관할의 둥양시(東陽市), 이우시는 1만 5,572위안, 2만 3,148위안을 나타냈다. 특히 이들 두 현급시의 GDP 총액은 278.88억 위안으로, 진화시의 9개 현급 행정구(관할구, 현, 현급시) 총액의 41%를 기록했다.

2002년 저장성 내 각급 지방정부에 하달된 저장성의 '부분 현(시) 경제 관리 권한 확대에 관한 통지'에 따르면, 현에 하방된 권한은 계획, 경제 무역, 대외 경제 무역, 국토 자원, 교통, 건설 등 12개 분야 313개에 달한다. 그리고 1년 뒤인 2003년 9월, 저장성은 '성급 행정 심사 허가제도 개혁의 진일보 심화 실시에 관한 의견'(浙政發[2003]35號)에서 이 313개 권한 하방 조치를 저장성 전체 현급 행정단위(36개 현, 22개 현급시, 30개 지급시 관할구)로 확대 실시한다고 공표했다(浙江省人民政府 2003).

4. 경제 관리권을 넘어 사회 관리권으로

2000년대 후반 들어 저장성은 이우시를 시작으로 현의 권한을 더욱 확대하는 새로운 정책을 개시했다. 이우시에 대한 권한 확대는 당시 이우시와 진화시 사이에 경제 권한을 놓고 상호 대립과 긴장이 발생하고 있던 상황에서 이 문제를 해결하기 위한 조치였다. 이 시기 저장성은 성관현 재정관리 체제를 실시하고 있었기 때문에서, 재정 문제에서 진화시와 이우시는 상호 독립적인 단위로 이우시의 자율권이 보장됐다. 그러나 진화시는 지급시가 현을 관리할 수 있는 권한을 활용, 자신의 재정과 경제력의 확대를 위해 각종 명목의 세수를 자기 관할로 이전시키는가 하면, 각종 심사 비준권을 통해 이우시를 압박했다. 이런 상황에서 이우시는 성 정부에 자신들의 권한 확대를 요구한 반면, 진화시는 일부 현과 현급시 편입을 통한 지급시 강화를 요구하는 등 양 정부 사이에 대립과 갈등이 심했다(胡國富·王明華 2008).

이에 대해 당시 저장성 서기인 시진핑(習近平)은 저장성의 정부 관리 형태를 빗대 어린 아이의 성장 속도가 빨라 옷이 맞지 않게 된 형국으로 '빨리 크는 아이는 큰 옷으로 갈아 입혀야 한다'(給成長快的孩子換上一件大衣服)며, 이우시에 대한 권한 확대의 필요성을 지적했다(張三 2007). 결국 성 리더들의 이런 인식은 2006년 말 이우시에 대한 대규모 권한 확대 조치로 이어지게 됐다.

2006년 11월 저장성은 이우시를 대상으로 한 이른바 '제4차 강현 권한 확대' 방침을 발표했다. 이 방침에 따라 이후 2007년 3월 성 정부는 472개 항목의 경제·사회 관리 권한을 직접 하방했으며, 같은 달 기구 확대 방식으로 16개 권한을, 위탁 및 임무 하달 방식으로 115개 권한을 이우시에 부여했다. 이 조치는 기존의 2002년 개혁 조치와 비교해 몇 가지 특징이 있다. 첫째, 그 대상이 진화시 관할의 이우시 하나를 대상으로 하고 있다는 점이다. 둘째, 경제관리 권한뿐만 아니라 각종 사회 사무관리 권한이 포함됐다는 점이다. 이 밖에 정부 기구 개편과 인원 편제도 이우시의 구체적인 처지와 관계에 따라 이우시가 자율적으로 정하도록 했다(浙政辦函[2007]4號; 金華市人民政府 2007; 張鳳安 2006, 5).[5]

이처럼 다른 현급 행정구보다 먼저 이우시의 권한이 크게 확대된 배경은 크게 두 가지이다. 우선 이우시가 저장성 61개 현급 행정단위(지급시 관할구 중 항저우시의 구 2개, 닝보시의 구 1개 포함) 중 발전 수준·속도·효율 3개 지표에 대한 종합 평가에서 1위를 차지할 정도로 대표적인 경제 강현일 뿐만 아니라, 상급 지급시인 진화시와의 관계에서 전형적인 '약시강현' 유형에 속한 것과 관련된다(浙江省統計局 2007). 저장성 통계연감(浙江統計年鑑) 자료를 이용해 필자가 분석한 데 따르면, 2002~2006년 사이 이우의 GDP, 1인당 GDP, 세수 총액은 상급 지급시인 진화시(시 관할구만을 의미) 수준을 넘어섰다. 2002년 이우의 GDP, 1인당 GDP, 세수 총액은 각각 156.08억 위안, 2만 3,148 위안, 16.62억 위안인 반면, 진화시는 120.81억 위안, 1만 3,179위안, 15.67억 위안에 그쳤다. 2005년 들어서는 '사회 도매 판매' 총액에서도 이우시가 진화시를 앞서기 시작했고, 동시에 '사회 고정자산 투자'에서도 진화시를 앞서기 시작했다.

둘째, 이우시에 대한 권한 확대는 이우시 경제가 민영경제에 크게 의존하고 있는 것과 관련된다. 이를테면 2006년 이우시 전체 '사회 고정자산 투

5_ 이처럼 다양한 방식으로 권한을 위임하는 것은 중앙정부의 시관현 체제 관련 규정과 충돌을 피하기 위해서이다. 구체적인 이유에 대해서는 馬斌(2008) 참조.

자' 58억 위안 중 80%가 민간 자본에 의해 이뤄졌으며, 최근 이우시가 설립한 국제상무센터(國際商貿城)인 푸톈 시장(福田市場)의 1단계 투자 7억 위안 중 2/3이 민간 자본이다. 이 밖에 이우-진산 간 도로, 항저우-지산 간 도로 중 이우 구간, 이우시 중심 병원, 초·중등학교 등 사회 기초 시설 프로젝트에서도 민간 자본이 중요한 비중을 차지했다. 민영경제의 성장에 힘입어 최근 이우시 전체 사회 고정투자 증가는 40% 이상에 달하고 있고, 세수도 연간 30% 이상의 증가율을 보이고 있다(彭水明·柯浪 2007, 7; 張卓人 等 2007). 이상에서 보듯 이우시 민영기업의 정치 참여 비율은 민영경제의 영향력이 전반적으로 강한 저장성 내에서도 다른 지역에 비해 더욱 높은 비중을 차지하고 있다. 2003년 저장성 민정청 조사에 따르면, 2002년 현재 이우시 2,726명 촌 위원회(村委員會) 구성원 중 개체공상호, 민영기업가 등이 주를 이루는 '선부군체'(先富群體, 먼저 부자가 된 집단)의 비중이 60%에 달하며, 이는 저장성의 평균치에 비해서도 30% 포인트가량 높은 수치이다(肖菁·嶽海智 2003). 이런 정치·경제적 능력을 배경으로 민영기업가들은 경제 단체, 정협(政協), 인대(人代) 등을 활용해 지속적으로 성관현 체제의 실현을 위해 노력해 왔다. 이 중 언론 매체의 주목을 받은 대표적인 사례로는 이우 민영기업가인 저우샤오광(周曉光)의 발언이다. 전국인민대표대회 대표인 그는 2006년 3월 개최된 양회(兩會) 기간에 정부 효율성 증대, 자원의 합리적 배치를 위해 성관현 개혁에 대한 논의를 조속히 시작할 것을 주장했으며, 중국 언론 매체들은 이를 크게 보도했다(申劍麗·蔣彦鑫 2006, A10).

이후 저장성은 2006년 이우시 개혁 결과를 긍정적으로 평가하면서, 2008년 11월 이른바 '제5차 성관현 개혁' 조치를 발표했다. '현(시)의 부분 경제·사회 관리 권한 확대에 대한 통지'(關於擴大縣(市)部分經濟社會管理權限的通知, 浙委辦[2008]116號)를 통해 저장성 정부는 이우시에 대한 실험을 지속하는 한편, 저장성 내 58개에 이르는 모든 현(시)과 항저우시의 2개 관할구, 닝보시의 1개 관할구의 경제·사회 관리 권한을 확대할 것이라고 밝혔다(中共浙江省委辦公廳·浙江省人民政府辦公廳 2008). 이 조치로 권한 확대 개혁의 실험지인 이우시는 기존의 524개 권한에 더해 새로 94개 권한을 보유하게 됐다. 나머지 현(시)들은 기존에 성관현 개혁 과정에서 부여받은 349개 권한에 더해 추가로 94개 권한을 부여받아 443개의 경제·사회 관리 권한을 지니게 됐다. 이처럼 저장성은 기존의 재정·인사 영역에서 현에 대한 성의 직접 관리를 넘어서, 경제·사회 관리 영역에서도 성의 현에 대한 직접 관리 및 현의 권한 확대 조치를 실시함으로써 저장성 내 현과 현급시는 다른 성들에 비해 상당한 자율권과 권한을 지니게 됐다.

5. 저장성 개혁 요약

개혁·개방 초기 저장성은 다른 지역에 비해 산업화, 도시화 수준이 낮았으며, 성 경제는 전반적으로 낙후한 상태에 있었다. 이런 경제적인 조건 아래 당시 성 리더들은 민영경제 발전과 현 자율성 보장을 통한 성 경제 발전 전략을 채택했다. 이를 제도적으로 뒷받침하기 위한 노력으로, 저장성은 전국적 차원의 시관현 체제 도입 움직임 속에서도 재정·인사 영역 등에서 성관현 요소를 견지하는 혼합 행정관리 체제를 실시했다. 이에 따른 민영경제의 급속한 발전을 배경으로 현(縣)은 지급시에 못지않은 경제 실력을 지니게 됐다. 이 과정에서 지급시는 자신들의 세수 확대, 경제 실력 증대 등을 목적으로 시관현 체제를 이용해 각종 경제 문제들에서 현에 개입

그림 4-2 | 저장성 성관현 개혁의 인과 모형

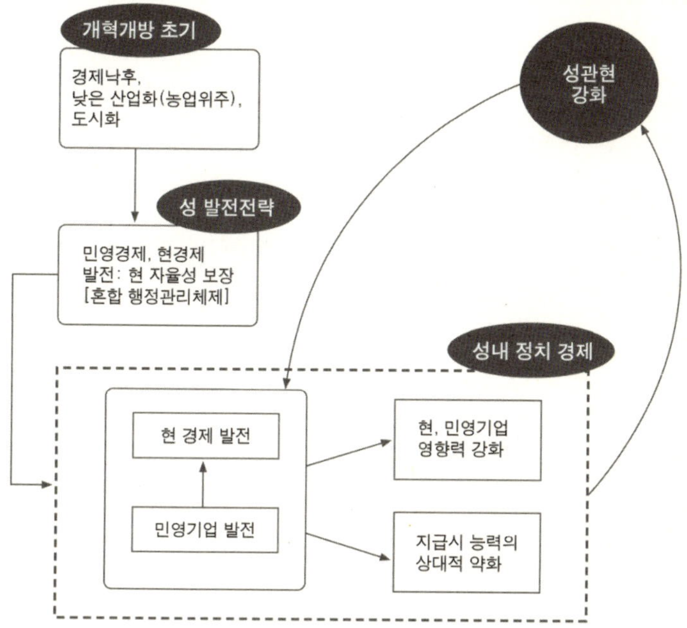

함으로써, 현과 지급시 사이의 갈등이 고조됐다. 동시에 시관현 체제에 따른 복잡한 행정 심사 체계는 저장성 민영기업의 경영 활동에 부정적인 영향을 주었고, 이 때문에 저장성 민영기업가들은 자신들이 성 경제 발전에 핵심적인 역할을 담당하고 있는 점을 활용해 성관현 개혁을 각급 정부에 적극적으로 요구하고 나섰다.

이와 같은 상황에서 저장성 리더들은 2000년대 들어 현의 권한을 대폭 강화하는 정책을 점진적으로 확대 실시해 왔다. 전국에서는 처음으로 실시된 이와 같은 성관현 실험에서, 저장성 정부는 먼저 경제 발전 현을 시작으로 하여 전체 현으로 개혁을 확대하는 전략을 폈으며, 이런 현의 권한 강화 영역은 초기의 경제관리 권한에서 사회 관리 권한으로 점차 확대되는 양상을 보이고 있다.

특히 진화시 관할의 이우시는 저장성 현 권한 확대의 주요 실험 대상으로, 경제·사회 관리 권한뿐만 아니라 기구 편제 등의 자율성을 획득함에 따라 지급시에 준하는 권한을 지니게 됐다. 이우시 개혁이 순조롭게 진행될 경우, 적어도 저장성에서는 성이 전면적으로 현을 관리함으로써 시관현 체제가 사실상 폐지되는 단계로 발전할 수 있음을 시사하고 있다.

5장

장쑤

'강시약현' 구도와 개혁의 지체

장쑤성은 저장성, 광둥성 등과 함께 경제 발전 수준과 시장화 정도가 중국 전역에서 가장 높은 지역 중 하나이다. 이와 같은 조건에서도 일부 학자들의 기대와 달리, 3장에서 개괄적으로 살펴본 것처럼 장쑤성의 성관현 개혁은 다른 성들의 개혁 진척 상황과 비교해 볼 때 뚜렷한 우세를 보이지 못하고 있다. 2000년대 중반 성 리더들이 현의 권한 확대와 자율성 제고를 위한 전면적인 성관현 개혁을 추진하기 위해 적극적으로 노력했음에도 이처럼 장쑤성의 개혁이 상대적으로 더디게 진행되는 이유는, 개혁·개방 이후 장쑤성이 선택한 발전 전략과 이에 의해 형성된 성내 정치·경제적 구조와 밀접히 연관돼 있다.

1. 산업화·도시화의 진전과 시관현 논의

장쑤성에서는 중앙정부가 시관현 행정관리 체제 시행을 공식화하기 이전에 이미 이와 관련된 논의가 진행됐다. 1980년대 초 장쑤성의 시관현 체제 도입 논의는 도시와 농촌 사이의 분할 구조를 극복함으로써 지역 발전을 촉진하기 위한 것이었다. 당시 장쑤성의 이런 움직임은 이미 산업화와 도시화가 어느 정도 진척된 것과 관련된다. 우선 산업화 측면을 보면, 1970년대 장쑤성에 인접해 있는 상하이시를 비롯해 성내 난징시(南京市), 우시시(無錫市), 쑤저우시, 창저우시(常州市) 등 쑤난 지역(蘇南地域)에 '사대기업'(社隊企業, 향진 기업의 전신)이 들어서면서 공업화가 진행되기 시작했다(龔澪澤 2008, 171).[1] 이런 과정을 거쳐 1970년대 중반 2차 산업이 이미 장쑤성 경제의 중심으로 떠올랐다. 구체적으로 1975년 장쑤성의 산업구조를 보면 1차 산업은 36.7%, 공업 등 2차 산업은 43.2%, 3차 산업은 20.1%를 차지한다. 이후 산업화가 더욱 진전되면서 시관현 체제 도입 직전인 1980년에 이르면 장쑤성의 전체 산업에서 1차 산업이 차지하는 비중은 29.5% 수준으로 하락했으며, 2차 산업과 3차 산업이 차지하는 비중은 각각 52.3%, 18.6%를 기록했다(王永作 2004, 90).

이와 함께 장쑤성은 개혁·개방 이전에 이미 도시화가 일정한 수준에 이르렀다. 이를테면 1962년 이래 장쑤성에는 난징시, 우시시, 쑤저우시,

---

1_장쑤성은 크게 경제·지리적으로 쑤난, 쑤중(蘇中), 쑤베이(蘇北) 3개 지역으로 구분된다. 장쑤성 남부 지역을 가리키는 쑤난에는 쑤저우, 우시, 창저우, 난징, 전장우(鎮江五) 지역이 포함된다. 오늘날 쑤난은 장쑤성에서 가장 경제가 발전한 지역이자 중국에서도 가장 경제 발전 속도가 빠른 지역 가운데 하나이다. 2009년 '전국 100 강현(시)' 10위에 장쑤성의 6개 현(시)이 포함돼 있고, 이들 6개 현은 모두 이 쑤난 지역에 위치하고 있다.

그림 5-1 | 장쑤성 지도

창저우시, 난퉁시(南通市), 쉬저우시(徐州市), 롄윈강시(連雲港市)와 같은 7개 성할시가 설치돼 있었다. 이에 더해 장쑤성의 비교적 높은 도시화 수준

표 5-1 | 1965~1980년 장쑤성 산업구조 변화 추이(단위: %)

연도	1차 산업	2차 산업	3차 산업
1965	43.3	31.8	24.9
1970	39.5	35.7	24.8
1975	36.7	43.2	20.1
1980	29.5	52.3	18.2

자료: 필자 작성. 관련 데이터는 王永作(2004, 86-90).

은, 현급 행정구(현, 현급시, 성할시 관할구) 중에서 차지하는 성할시 관할구와 현급시의 비중에서도 확인된다. 1975년 장쑤성의 현급 행정구는 97개로 이 중 현은 64개, 현급시는 4개, 시의 관할구는 29개를 기록하여, 현급시와 시 관할구는 전체 현급 행정단위의 34%를 차지했다. 1980년 장쑤성의 현급 행정구는 모두 101개였고, 이 가운데 시의 관할구는 33개로 전체 현급 행정구의 37%를 차지하고 있었다.

한편 1971년 이래 장쑤성에는 앞서 언급한 7개 성할시와 함께, 쑤저우, 전장(鎮江), 양저우(揚州), 난퉁, 화이인(淮陰), 옌청(鹽城), 쉬저우 등 7개 지구가 설치돼 있었다. 그리고 이들 성할시와 지구는 각각 도시와 농촌을 분할해 관리해 왔다. 그런데 이와 같은 지구와 성할시의 도농 분할 행정관리는 기업의 자원 동원과 상품 교환에 장애로 다가오면서 이에 대한 개혁의 목소리가 일기 시작했다. 다시 말해 도시와 농촌에 대한 분할 행정관리로, 도시와 농촌의 경제적 교류가 차단돼 도농이원화(都農二元化) 경제구조가 형성되고, 공업과 농업 구조, 도농 협력 발전에 부정적 영향을 끼치며, 정부 행정 인원의 비대화와 같은 문제를 불러일으키고 있다는 평가가 제기된 것이다. 이와 같은 배경에서 1982년 5월 개최된 장쑤성 도시공작회의(城市工作會議)에서는 도농 분할 행정관리 체제 개혁을 위한 방안이 논의됐다.

표 5-2 | 1965~1980년 장쑤성 지구급·현급 행정단위 변동 추이

연도	지구급 행정단위		현급 행정단위		
	지구	성할시	현	시	지급시 관할구
1965	7 *	7	63	4	27
1970	8	7	64	4	30
1975	7	7	64	4	29
1980	7	7	64	4	33

주: * 지구(地區)의 전신인 전구(專區).
자료: 필자 작성. 관련 데이터는 중국행정구획망.

그리고 이 회의는 "도시(城市)를 중심으로, 도시·소도시(城鎮)를 연결체로, 광대한 농촌을 기초로, 도시와 농촌 사이의 경제와 과학기술 연계를 실현함으로써 도농 경제의 협력 발전을 실현하는" 방안을 제시했다(王永作 2004, 92).

이후 장쑤성의 이런 구상이 중앙정부의 동의를 얻으면서 1983년 장쑤성은 기존 7개 성할시를 지급시로 전환했다. 동시에 7개 지구를 폐지하고 일부를 지급시로 전환, 화이인, 옌청 등 4개 지급시를 새로 설치하고 시관현 체제를 실시하기 시작했다. 다시 말해 장쑤성은 당시 도시가 이미 비교적 발전한 조건 아래서 시관현 체제 도입과 동시에 전체 성 차원에서 시관현 행정관리 체제를 수립했다. 그리고 이들 11개 지급시는 1983년 설치와 동시에 관할 현과 현급시를 행정적으로 관리하기 시작했다. 한편 같은 해 롄윈강 등 4개 지급시가 우선적으로 현의 재정을 관리할 수 있는 권한을 부여받았다. 나머지 7개 지급시들은 1985년에 들어서 동일한 권한을 성 정부로부터 부여받았다. 1996년에 들어서 쑤베이 지역 내 두 개의 지급시들이 각각 분할되면서, 장쑤성은 13개 지급시를 보유하게 됐다. 구체적으로 양저우시 일부 지역이 분리되면서 타이저우시와 그 관할 현과 현급시가

됐고, 같은 해 화이인시(淮陰市)로부터 일부 현과 현급시가 분리돼 쑤첸시(宿遷市)와 그 관할 현급 행정구를 형성했다. 이에 따라 2004년 현재 장쑤성에서는 13개 지급시가 42개 현과 현급시를 관리하고 있다(胡福明 編 2005, 789; 江蘇省地方志編纂委員會 編 1996, 518-519; 史爲樂 編 2006, 110-528; 江蘇省統計局 編 2005, 24).

2. 시관현 체제와 강시약현 구도

(1) 장쑤성 시관현 체제의 부작용

장쑤성의 시관현 체제 도입은 도시와 농촌 사이의 경제적 연계를 가능하게 함으로써 지역 내 상품경제의 발전을 촉진하는 데 일정 정도 기여했다고 할 수 있다. 또 시관현 체제 성립 과정에서 간부의 인원 편제가 축소됨으로써 행정 인원과 기구의 간소화라는 측면에도 어느 정도 기여한 것으로 평가할 수 있다(王永作 2004, 92). 그러나 시관현 체제 시행 이후, 장쑤성에는 지급시와 현 사이의 이익 갈등 심화라는 예상치 못한 결과가 빚어졌다. 그리고 이 과정에서 지급시는 '시관현'이라는 권한을 활용해 자신들의 경제적 이익을 위해 종종 현을 희생시키는 정책을 펴왔다.

지급시와 현 사이의 경제적 이익 갈등과 시관현 체제는 종종 행정 효율성 악화를 가져오는 한편 이는 다시 현과 현급시 지역의 경제활동에 부정적인 영향을 주고 있다. 이를테면 1986년 지급시인 우시시 관할의 장인시

(江陰市)에 소재한 한 화학 공장의 사례가 대표적이다. 이 회사는 대외무역 거래를 추진하는 과정에서 지급시 등 정부의 관련 부서로부터 800여 개의 심사를 받아야 했으며, 이 심사를 받기 위해 6개월 이상의 시간을 낭비해야만 했다(孫展 2004a, 33). 양저우시 관할의 장더우시(江都市)도 비슷한 문제를 겪었다. 장더우시는 1만 톤급 부두를 건설하기 위해 중앙, 성, 지급시 정부 등 29개 관련 부처의 허가를 받아야만 했고, 이를 위해서 1년여의 시간을 허비했다. 쑤저우시 관할의 현급시인 장자강시(張家港市)도 비슷한 불만을 토로하고 있다. 장자강시 정부의 한 간부는 장자강시가 1년에 600~700개의 외지 자본 투자를 유치하고 있고 2005년에만 200여 개 외자기업 설립이 논의됐는데, 시관현에 따른 복잡한 행정 심사 구조로 어려움을 겪고 있으며 이는 지역 경제 발전에 부정적인 영향을 주고 있다고 비판하고 있다(李芃 2006c, 5).

시관현 재정 관리 체제도 현과 현급시의 재정과 경제에 어려움을 더해 주고 있다. 이는 시관현 체제 아래서 지급시가 현과 현급시의 재정 문제에 개입할 수 있게 되면서, 지급시가 자기 이익을 우선시하여 농촌 지역의 자원을 대거 도시로 집중시키고 있기 때문이다. 특히 1994년 분세제 개혁 이후, 자원의 도시 집중 현상이 심해지면서 농촌 지역의 경제 발전에 어려움이 더해지고 있다. 지급시들은 종종 현의 새로운 세원(稅源)을 지급시 관할로 강제조정하는가 하면, 도시 건설 비용을 현에 집중 부담시키는 방식으로 현의 재원을 지급시로 이전시키고 있어 현의 재정 상황은 크게 악화되고 있다. 장쑤성 정치협상회의(政治協商會議)의 2005년 조사는 이를 잘 보여 주고 있다. 이 조사에 따르면 2004년 전장시 관할의 현급시인 단양시(丹陽市)의 재정수입은 20억 위안에 이르렀다. 그러나 상당수의 수입이 지급시 등 상급 정부로 이전되면서 단양시가 실제 이용할 수 있었던 재원은 8

억 위안이 채 되지 못했다(李芃 2006c; 黃勇·高明勇 2007). 이와 같은 현상은 경제가 전반적으로 낙후된 쑤베이 지역에서도 발생하고 있다. 이 지역 지급시들은 일반적으로 경제적으로 낙후돼 있어 자체적인 발전 능력이 떨어진다. 이 때문에 도시 건설을 위한 재원을 성 정부의 재정 이전과 현의 '공헌'에 의존하고 있는 실정이다. 결과적으로 쑤베이 지역의 현과 현급시도 상급 지급시의 각종 상납 의무의 압력에 시달리고 있다(王芳 2007, A01). 이와 같은 지급시의 현과 현급시에 대한 재정 수탈 현상으로, 경제가 낙후한 쑤베이 지역뿐만 아니라 비교적 경제가 발전한 쑤난 지역의 상당수 현들이 '밥먹는 수준의 재정 상태'(吃飯財政)를 보이고 있다(李芃 2006c; 黃勇·高明勇 2007).

이와 같이 시관현 체제의 다양한 통로를 통해 지급시가 현과 현급시의 자원을 대량으로 도시로 이전시킴으로써, 현과 현급시는 자신의 이익을 보호하기 위해 지급시에 맞서게 되고 이 결과 양측 사이에 종종 마찰과 갈등이 발생하고 있다. 창저우시와 그 관할 현인 우진현(武進縣) 간의 갈등은 대표적인 사례 가운데 하나이다. 1980년대 창저우시는 시를 확대하기 위해 관할 우진현 등의 토지에 대한 징발을 추진했지만 우진현은 이에 협조하지 않았다. 또 창저우시 인민대표대회(人民代表大會)의 우진현 인민대표들은 창저우시의 시장 선출 과정에서 우진현에 불리한 정책을 추진한 시장의 재임용을 반대함으로써 기존 시장의 낙선에 중요한 영향을 주었다. 이와 같은 우진현과 창저우시 사이의 대립은 결국 2002년 우진현이 창저우시에 합병돼 창저우시의 관할구인 우진구로 격하됨으로써 일단락됐다. 이런 시·현 간 갈등은 이 지역에서뿐만 아니라 장쑤성의 대부분 지역에서 나타나고 있다. 이를테면 현급시인 장인시의 상급 지급시인 우시시, 그리고 장자강시와 창수시(常熟市)의 상급 지급시인 쑤저우시의 정책에 대한 불복종

표 5-3 | 1980~2004년 장쑤성 현급 행정구 변동 추이(단위: 개, %)

행정구 \ 연도		1980	1983	1986	1989	1992	1995	1998	2001	2004
현 (시)	현급시	6	2	4	13	18	30	31	28	27
	현	64	62	60	51	46	34	33	30	25
	합계	70	64	64	64	64	64	64	58	52
지급시 관할구		33	41	41	42	42	42	44	50	54
현급 합계		103	105	105	106	106	106	108	108	106
시 관할구 비중		32	39	39	40	40	40	41	46	51

자료: 필자 작성. 관련 데이터는 중국행정구획망.

움직임도 이런 사례 중 하나이다(周季鋼 2006b, 43).

이처럼 장쑤성 지급시들은 시·현 간 이익 갈등 상황에서 저장성 지급시와 마찬가지로 자신들의 경제 발전을 위해 현과 현급시를 자신의 관할구로 편입시키는 정책을 펴왔다. 〈표 5-3〉에서 확인할 수 있는 것처럼, 이런 현상은 1990년대 후반부터 본격화하기 시작했다. 지급시 관할구가 전체 현급 행정단위에서 차지하는 비중은 시관현 체제 도입 이후 1998년까지 약 15년간 40% 정도를 유지해 왔으나, 이후 지급시의 관할 현과 현급시 합병이 가속화하면서 2004년에 그 비중은 50%를 넘어섰다. 이와 관련, 언론 매체의 주목을 받은 최근의 사례로는 쑤첸시의 관할 현 합병이다. 경제 발달 현들의 권한을 강화하는 정책이 성 정부 차원에서 논의되기 시작한 2004년 상반기, 쑤첸시는 경제적으로 부유한 쑤위현(宿豫縣) 등을 자신의 구로 편입시켜 버린 것이다. 이처럼 지급시의 현 합병으로 1998년 64개에 이르렀던 현과 현급시는 2001년에 58개로 감소했으며, 2004년에는 다시 52개로 감소했다. 다시 말해 장쑤성에서는 6년여라는 짧은 기간에 8개에 달하는 현과 현급시가 해체돼 지급시의 구로 전락한 것이다.

한편 지급시의 현(현급시) 경제 압박은 지급시와 현 사이의 행정구획 조정을 둘러싼 경쟁과 갈등을 낳고 있기도 하다. 이를테면 1990년대 추진된 '산장시'(三江市)라는 지급시 설립 추진 움직임과 그 실패를 들 수 있다. 당시 지급시의 개입과 간섭에서 벗어나 자율적인 경제 발전을 추구하기 위해 장인시, 장자강시 그리고 징장시(靖江市) 3개 현급시는 성내 전문가들의 도움을 받아 합병을 통한 산장시 설립을 모색했다. 그러나 이들의 노력은 상급 관할 지급시인 우시시, 타이저우시, 쑤저우시의 강력한 반대로 무산됐다. 이후 이 현들은 경제특구 건설 방식으로 지급시에 맞섰다. 일부 현들이 이와 같이 경제특구 건설을 추진한 이유는 현과 현급시에 비해 이 특구에 인사, 재정, 물자 분야에서 상당한 수준의 자율권이 부여되기 때문이다. 대표적인 예로는 쑤저우시 관할의 현급시인 쿤산시(昆山市)의 쿤산 경제기술개발구를 들 수 있다. 이 쿤산 경제기술개발구는 1985년 설립됐다. 이후 1991년 1월 성 정부에 의해 '성 중점 개발구'(省重點開發區)가 됐고, 1992년 8월에는 국무원 비준을 얻어 '국가급 개발구'(國家級開發區)로 승격됐다. 이 개발구는 설립 이후 인사 방면에서 부지급시(副地級市) 대우를 받았으며, 경제관리 영역에서는 지급시와 같은 권한을 확보했다. 그리고 2003년 장인시와 징장시는 공동 출자 형식으로 장인 경제개발구(江陰經濟開發區) 징장 원구(靖江園區)를 설립했다. 이 개발구는 설립 이후 일부 주요 경제관리 권한과 재정 자율권을 부여받았다(孫展 2004a, 34).

(2) 강시약현 구도의 고착화

이와 같은 일부 현과 현급시들의 자율권 강화 노력과 그 성공에도 1980년대 초반 시작된 시관현 체제는 장쑤성 전역에 걸쳐 지급시 중심의 발전과 현의 상대적 소외라는 결과를 낳았다. 다시 말해 장쑤성에는 경제적으로 강한 시가 경제적으로 약한 현을 관리하는 이른바 '강시약현'(強市弱縣) 구도가 형성된 것이다.

이와 같은 강시약현 구도는 우선 성 전체 재정에서 지급시 재정이 상당한 비중을 차지하고 있는 데서 확인한 수 있다. 2002년 지급시 재정수입은 446.51억 위안으로 전체 성 재정의 69.37%를 차지했으며, 2002년 전체 성 차원에서 사실상 시관현 체제를 도입한 17개 성 중 2위였다. 또 2003년 지급시 재정 비중은 54.8%로 다소 감소한 가운데, 같은 해 전체 성 차원에서 성관현 체제를 도입한 18개 성 중 3위를 각각 차지했다. 1인당 GDP 측면에서 강시약현 구도는 더욱 명확하게 나타난다. 필자가 중국 통계자료를 이용해 분석한 데 따르면, 2002년 장쑤성의 1인당 GDP는 1만 4,291위안, 지급시의 평균 1인당 GDP는 2만 2,960위안을 기록해 그 차이는 8,569위안이었다. 2003년 성의 1인당 GDP는 1만 6,809위안인 반면 지급시 평균 1인당 GDP는 2만 7,198위안으로 그 차이는 1만 398위안에 달했다. 이에 반해 장쑤성과 경제 수준이 비슷한 저장성의 경우 2002년, 2003년 저장성 지급시 평균과 성 1인당 GDP의 차이는 각각 6,123위안, 6,527위안을 기록해 장쑤성에 비해 그 차이가 그렇게 크지 않았다.[2] 이런 수치들은 장쑤성이 지급시와 현 사이의 경제 격차가 큰 반면, 저장성은 그렇지 않음을 시사하고 있다.

한편 성의 1인당 GDP와 각 현(시)의 1인당 GDP의 비교를 통한 2002년 54개 장쑤성 현(시) 경제 실력 분석은, 장쑤성 현역 경제 실력이 성 차원

2_지급시의 1인당 평균 GDP는 지급시별 1인당 GDP를 합산한 후 이를 지급시의 수로 나눈 단순산술평균치이다.

표 5-4 | 2002년 장쑤성 54개 현(현급시)의 성내 상대적 경제 능력

구분	발달 정도	수량 (개)	GDP (억 위안)	1인당 GDP (위안) *	1차 : 2차 : 3차 산업 (%)
현 (시)	발달	7	1,938.35	37,356	4.53 : 59.22 : 36.25
	차(次)발달(상)	3	479.38	19,255	8.91 : 55.76 : 35.33
	차(次)발달(하)	10	1,000.13	12,291	16.11 : 47.02 : 36.87
	낙후	34	2,245.54	6,594	29.61 : 39.89 : 31.51
	현(시) 전체	54	5,663.4	-	16.89 : 48.71 : 34.40
성 전체	-	-	10,631.8	14,391	10.53 : 52.21 : 37.26

주: ' * '은 현(시)의 1인당 GDP는 현(시)의 단순산술평균이다. 여기서 '발달'은 성의 1인당 GDP를 기준으로, 현(시)의 1인당 GDP가 1.5배 이상, '차발달(상)'은 1~1.5배, '차발달(하)'는 0.75~1배, '낙후'는 0.75 이하인 것을 가리킨다.
자료: 필자 작성. 관련 데이터는 江蘇省統計局 編(2003).

에서 상대적으로 취약함을 잘 보여 주고 있다. 구체적으로 이 분석에 따르면 경제 발전 지역(성 1인당 GDP의 1.5배)은 7개, 차경제 발전 지역(성 1인당 GDP의 0.75~1.5배)은 13개를 기록했다. 반면 성 1인당 GDP의 0.75에 미치지 못한 낙후 지역은 34개로 전체 현(시)의 63%에 달했다. 이 중 성 1인당 GDP보다 많은 현(시)은 총 10개로 그 비중은 18.5%였다. 이에 비해 저장성은 성 1인당 GDP보다 많은 현(시)이 36.2%에 이르고 낙후 지역은 48.3%에 그침으로써, 장쑤성과 저장성의 현들은 성내 상대적 경제적 지위에서 큰 차이를 보이고 있다(〈표 5-4〉 참조).

3. 취약한 민영경제

앞서 살펴본 것처럼, 저장성 민영경제는 경제적 능력을 바탕으로 현지 성관현 개혁 추진에서 중요한 역할을 수행했다. 그렇다면 장쑤성의 민영경제는 어떤가?

사실 민영기업의 수량과 등록 자본으로 민영경제의 능력을 측정할 경우, 장쑤성의 민영경제는 전국 최고 수준이다. 구체적으로 2006년 6월 현재 장쑤성의 개체공상호의 수량과 등록 자본 금액은 177만 7,569호(戶)와 629억 2,843만 위안을 기록하고 있다. 그리고 장쑤성의 사영기업 수량과 등록 자본 금액은 54만 7,160호와 8,312억 2,517만 위안에 이르고 있다. 이와 같은 수량과 금액은 광둥성과 저장성 같이 시장경제가 발전한 다른 성들을 앞서는 수치다. 그러나 장쑤성의 민영기업은 그 규모가 일반적으로 작고, 이들의 성 경제에 대한 공헌도도 그다지 뚜렷하지 못하다. 2003년 저장성의 민영경제(개체 및 사영경제)의 총생산량이 전체 성 GDP 증가에 기여한 비중은 70%, 상하이의 민영경제는 35%에 이른 반면, 장쑤성 민영경제는 단지 20%에 그쳤다. 2005년 저장성 민영경제의 GDP 공헌도는 71.5%, 푸젠성과 산둥성의 민영경제의 공헌도는 각각 약 61%, 48%에 이른 데 비해, 장쑤성 민영경제는 32%에 그쳤다. 같은 해 성 재정에 대한 공헌도 측면에서는, 저장성과 산둥성의 민영경제가 각각 60%와 42.3%를 기록한 반면 장쑤성 민영경제는 23.1% 수준에 그쳤다(徐鬱華 2004, 24; 中華全國工商業聯合會·中國民(私)營經濟研究會 主編 2007, 210-212).

장쑤성 민영경제가 이처럼 취약한 것은 개혁·개방 이후 장쑤성이 취한 이른바 '쑤난 모델'(蘇南模式)이라는 발전 전략과 밀접히 관련된다. 쑤난 모델의 주요 특징 중 하나는 우선 정부 주도의 경제 발전이다(洪銀興·陳寶敏 2002; 葛守昆 2001). 정부 주도의 발전이라는 특징은 개혁·개방 이후부터 1990년대 중반 소유제 개혁 이전 시기에 집중적으로 나타나고 있다. 계획경제 시기 '적은 분배, 많은 축적'이라는 정책 환경에서 장쑤성은 다른 성에 비해 비교적 풍부한 자금을 보유하고 있었으며, 이는 개혁·개방 초기 장쑤성의 경제 발전을 주도한 향진 기업(鄕鎭企業)의 중요한 자금원으로 활용됐다(孫祖培 2001, 20). 당시 이들 향진 기업은 대부분 향진 정부가 계획경제 시기 축적한 '집체 자본'을 이용하거나 정부가 은행에 자금 대출을 요구해 설립됐다. 결국 이들 기업의 소유제는 기본적으로 사구(社區)와 향진 정부를 대표로 하는 집체 경제였다(洪銀興·陳寶敏 2001). 이 때문에 장쑤성의 집체 경제는 정부의 강한 통제를 받았다. 이들 기업은 정부로부터 각종 특혜를 받았을 뿐만 아니라 회계, 이윤 분배 등에서 정부의 개입을 피할 수 없었다. 동시에 현지 정부는 이념적인 이유에서뿐만 아니라 민영기업과의 경쟁 회피라는 실질적인 이유에서 민영경제의 발전을 제한했다. 이를테면 민영경제는 토지나 은행 대출 등의 지원을 받기 어려웠으며, 민영기업 명의로 영업허가를 신청하기도 어려웠다(張建君 2006, 38-39). 이에 더해 장쑤성은 당원 간부가 사영경제에 종사하지 못하도록 했으며, 당원이 사영경제에 고용되는 것도 허락하지 않았다(新望 2005, 244).

쑤난 모델의 둘째 특징은 외국자본(外資)을 중시하는 경제라는 점이다. 이런 특징은 1990년대 이후 쑤저우를 중심으로 나타나기 시작했으며, 대략 2000년대 초반까지 지속됐다. 1992년 덩샤오핑의 남순강화 이후, 광둥성의 선전과 상하이 푸동 지구 등지에 자본과 인력이 집중되면서 기존의 향진 기업 중심의 쑤난 모델은 위기에 처하게 됐다. 이 때문에 이 시기 장쑤성은 개방 확대를 통한 경제 발전을 추진하기 위해 외자 유치를 위한 환경 조성에 나섰다. 이런 과정에서 쑤저우의 싱가포르 공업지구(工業園)와 신구(新區), 우시시, 창저우시의 첨단기술 개발구와 같은 국가급 개발특구와 일련의 성급 개발구가 건설됐다. 이 3개의 시를 중심으로 외자 도입 능력이 급속히 신장되면서 장쑤성에서는 외자기업의 자본과 이들의 수출에 의존한 이른바 외향형(外向型) 경제 발전이 신속히 진행됐으며, 이는 쑤저우 지역에서 가장 뚜렷하게 나타났다(黃福寧 2005). 이런 발전 모형은 정부 주도로 외국의 자본, 기술, 관리, 상업 통로에 의존하고, 제조업을 기초로 외자기업의 수출에 의존하는 공업화 성장 모델이라 할 수 있다. 동시에 이 모델은 기본적으로 정부의 외자 도입에 의존해 외자가 생산 활동을 조직하며 현지 노동력이 참여 생산한다는 면에서, 전형적인 자원 의존형 모델이다. 여기서 주요 의존 자원은 주로 저렴한 노동력으로, 진출 외자기업이 이를 이용해 제품을 가공 생산하는 형태이다(王煒瀚 2006).

장쑤성이 선택한 외자 중시 경제 발전 전략은 전체 성 경제에서 외자기업의 영향력을 강화하는 결과를 낳았다. 곧 장쑤성에서는 외자기업이 전체 성 경제에 대한 공헌도 측면에서 국유기업이나 개체·사영기업을 앞서는 경우가 종종 발생하고 있다. 구체적인 사례를 들면 2005년 장쑤성의 GDP 증가율은 14.5% 포인트로, 이에 대한 소유제별 기업 공헌도를 보면 외자기업이 6% 포인트를 기록함으로써, 공유제(국유기업, 집체기업)의 3.6% 포인트와 개체·사영기업의 4.9% 포인트보다 높은 수치를 보였다. 외자기업이 장쑤성 전체 GDP 증가율에서 차지하는 이와 같은 비중은 전국 평균 수준의 약 2배에 이르는 수치다(賈林男·趙劍波 2006, 9).

이런 경제 환경과 함께 그동안 지속된 GDP 증가와 세수 확보 위주의 간부 평가 제도도 현지 민영경제 발전을 가로막아 왔다. 다시 말해 이와 같은 간부 평가 시스템의 영향으로 장쑤성 관료들은 경제의 효율성보다는 규모 확대를 중시하고, 경제에 대한 공헌도가 상대적으로 낮은 현지 개체·사영기업보다는 외자 유치를 중시하는 경향을 보여 왔다(何保山·塞繆爾 等 1991, 118-124; 莊國波 2007, 44-48; Whiting 2001, 100-120). 이는 결과적으로 외자기업에 대해서는 각종 세수 우대, 느슨한 관리 감독, 생산·경영상의 각종 우대 정책 등과 같은 '초국민 대우'라는 혜택을 부여함에 따라, 현지 민영기업 등은 상대적으로 불공정 대우를 받는다는 의식이 강해졌다. 이와 관련해 일부 장쑤성 민영기업가들은 "정부에 민영기업 발전을 위해 특별한 지원을 원하는 것도 아니며, 다만 시장에서 공정한 경쟁을 하게 해줄" 것을 요구하고 있다(戴明 2000, 51; 陳希·馮軒博 等 2007).

이런 배경에서 2006년 3월 민영기업가 등을 대신해 장쑤성 정치협상회의 경제위원회는 성관현 체제 실시에 대한 제안을 성 정부에 제출했다. 이 제안은 장쑤성이 정부 계층을 축소함으로써 행정 심사 허가 절차를 단순화하고, 도시와 농촌 간 자원 교류 및 분배의 합리성을 향상시키며, 현(시)의 재정 능력을 향상시킬 필요가 있다고 지적하고 있다(陳光明 2006). 그러나 이들의 요구는 이 연구의 분석 기간인 2008년 말까지 성 정부 부문에서 이러저러한 이유를 들어 사실상 수용을 거부함에 따라 정책화되지 못했다.

4. 지급시의 저항과 더딘 개혁 행보

2000년대 중반 다른 성급 행정구들이 현의 자율권 증대와 권한 확대를 적극 모색하는 분위기 속에서, 현지 민영경제의 미발전과 현역 경제의 상대적 낙후 등의 문제를 의식한 장쑤성 리더들은 이런 문제를 해결하기 위한 방편으로 성관현 개혁에 나섰다. 2004년 10월 당시 장쑤성 서기 리위안차오(李源潮)와 성장 량바오화(梁保華)는 성위와 성 정부의 연구실에 성관현 개혁에 관한 연구를 요구했다. 이후 2005년 6~7월 사이 재정 성관현 실시 지역에 대한 조사 연구가 진행됐다. 그리고 이 조사 연구 결과를 바탕으로 장쑤성 리더들은 성관현 개혁에 대한 공감대를 성내에 확산시키기 위해 다양한 노력을 펼쳤다. 이를테면 2005년 8월 전체 성 차원의 '강현 권한 확대'에 관한 의견 청취 회의를 개최했으며, 2005년 9월에는 재정 계통 차원에서 재정 성관현 실시에 관한 회의를 개최했다. 특히 2005년 10월 장쑤성은 '강현 권한 확대와 현역 경제 발전'(強縣擴權與縣域經濟發展) 토론회를 개최했으며, 여기에는 당시 리위안차오, 중공당 장쑤성 상위 위원이자 조직부장인 왕궈성(王國生), 장쑤성 부서기이자 성 당교(黨校) 교장인 펑민강(馮敏剛) 등 성내 고위 영도 간부가 참여함으로써 개혁에 대한 '예상치 못한' 강한 의지를 보여 줬다(李芃 2006b; 2006c). 또 2006년 1월 개최된 장쑤성 인민대표대회 회의에서 성장 량바오화는 경제 강현의 자율권을 보장하고, 이들 경제에 활력을 불어넣기 위해 연내에 성관현 개혁을 실시할 것이라고 밝혔다(梁保華 2006, 84).

그러나 장쑤성 리더들의 성관현 개혁 노력은 지급시의 강한 저항에 부딪혔다. 지급시는 아래와 같은 논리로 성 정부의 성관현 개혁에 반대하고 나섰다. 첫째, 경제 발전 지역의 경우, 20여 년간 실시해 온 성관현 체제로 도시 공업이 농촌 지역으로 복사·이전됨으로써 많은 현들의 경제 발전이 이뤄졌다. 따라서 성관현 실시는 중심 도시를 거점으로 한 도시와 농촌 간 경제 협력 체계를 파괴할 것이다. 둘째, 장쑤성의 경제 낙후 지역의 경우, 이 지역 내 경제 발전이 늦어진 현들은 대부분 농업이 경제의 중심을 이루고 있고 또 경제 규모가 작아 성관현을 서둘러 실시하기에는 적합하지 않다. 기존에 성관현 개혁을 실시한 다른 성들은 기본적으로 경제 강현에 대한 권한 확대, 곧 경제가 발달한 현들의 경제관리 권한을 확대시켜 준 것이다. 셋째, 성관현 체제를 실시할 경우, 성의 관리 영역이 과도하게 확대돼 기층에 대한 관리 효율성에 문제가 발생할 것이다(徐元明·劉遠·周春芳

2007). 그러나 지급시들이 성관현 개혁에 소극적인 실제적인 이유는 앞서 언급한 것처럼, 시관현 체제에서 지급시의 발전이 상당 정도 현의 재원과 자원을 동원했기 때문에 가능했다는 사실과 관련돼 있다. 이를테면 쑤저우시 간부들은 공개적으로 성관현 개혁을 반대하고 나서지는 않았으나 성 정부의 성관현 개혁 추진 과정에서 상당히 소극적인 자세를 보였다. 이와 같은 쑤저우시 간부들의 태도는, 이 시의 관할 6개 현 중 5개 현이 경제 실력이 전국적으로 뛰어난 '전국 100 강현' 중 상위 10위에 포함되어 있는 상황에서 성관현을 실시할 경우 자신들에게 상당히 부정적인 결과를 가져다 줄 것이라는 판단 때문이다(李芃 2006b; 2006c).

이와 같은 논리와 배경에 따른 지급시의 강력한 저항에 부딪히면서 성 리더들의 개혁 노력은 당초 의도했던 것과 달리 순조롭게 진행되지 못했다. 이런 사실은 장쑤성 성위와 성 정부가 제시한 개혁 일정과 개혁 내용에서 모두 나타나고 있다. 우선, 현의 권한 확대 범위가 크게 축소됐다. 2006년 초 성위 연구실이 마련한 성관현 개혁 초안에는 10여 개 영역에 걸친 각종 심사 허가 권한 등 400여 개의 경제·사회 관리 권한을 현급 행정구에 부여하는 한편 성관현 재정 관리 체제를 실시하며, 성이 현급 간부를 직접 관리하는 내용이 포함됐다. 그러나 지급시의 저항을 겪으면서 이 계획은 크게 축소됐다. 이후 개정된 성관현 실시 계획안인 '현(시) 경제 자주권 결정에 관한 결정'(關於擴大縣(市)經濟自主權的決定)이라는 보고에서, 현의 권한 확대를 위한 권한 하방 건수는 100여 건이 안 되는 수량으로 감소했다(李芃 2006b). 동시에 개혁 일정도 제대로 준수되지 못했다. 앞서 언급한 것처럼 량바오화 성장은 2006년 초 연내 성관현 개혁을 실시할 것이라고 공언했지만, 같은 해 중반 이후 성관현 개혁에 대한 목소리가 점차 약해지면서 2006년 개혁 실행은 현실화되지 못했다.

그러나 이와 같은 지급시의 강력한 반대에도 성 리더들은 성관현 개혁 자체를 포기하지는 않았다. 2006년 11월 개최된 제11차 장쑤성 당대회에서 리위안차오는 성관현 개혁의 필요성을 아래와 같이 지적하며 성관현에 대한 개혁 의지를 분명히 했다(李源潮 2007, 4).

> 현역 경제의 발전 촉진은 신농촌(新農村) 건설에 도움이 된다. (…) (따라서 우리는) '현의 권한 확대를 통한 경제 강현'(擴權強縣) 정책을 실행함으로써 현역 경제에 활력을 불어넣어야 한다.

이와 같은 개혁 의지를 지닌 성 리더들은 성관현 개혁 실행을 뒷받침하기 위해 새로운 전략을 마련했다. 장쑤성 당대회 간부 선발에 비밀투표제를 도입함으로써 성내 정치 구조의 변화를 실현한 것이다. 장쑤성은 2006년 11월 실시된 11차 성 당대회에서 무기명투표제를 도입해 성위 위원을 선출했다. 이 결과 쿤산시 서기인 장궈화(張國華)가 성위 위원으로 선출됐고, 기타 8명의 현급 영도 간부가 성위원회 위원 후보로 선출됐다(李芃 2006a; 傅白水 2007, 27). 이와 같은 현급 영도 간부의 성위 진출은 장쑤성에서는 역사상 유례가 없는 일이었다.

이런 성내 정치 구조의 변화 이후인 2007년 3월 장쑤성은 마침내 성관현 재정 관리 체제 실시를 발표했다. 그러나 이 조치에는 2006년 개혁 방안에서 중점적으로 거론된 현의 경제·사회 관리권 강화나 성의 현 간부 직접 관리와 같은 내용은 포함되지 못했다. 이 때문에 2007년 장쑤성 개혁은 반쪽짜리 개혁, 곧 '단변돌파'(單邊突破) 개혁으로 불리고 있다(李芃·王海平 2007, 6; 黃勇·高明勇 2007). 이후 장쑤성 내에는 성관현 개혁이 심화할 것이라는 무성한 소문이 떠돌았지만, 2009년 상반기 현재 장쑤성은 현의 권한 강화를 위한 이렇다 할 추가적인 조치를 내놓지 않고 있다(鄧益輝 2009, 46-47).

5. 장쑤성 개혁 요약

계획경제 시기 이미 일정한 산업화, 도시화에 이른 장쑤성은 도시와 농촌 간 경제 협력에 기초한 경제 발전 등을 이유로 시관현 행정관리 체제를 주도적으로 도입했다. 그리고 시관현 체제의 장기적인 시행은 지급시를 중심으로 한 성 경제 발전을 이끌어 냈으나, 상대적으로 현의 경제적 소외를 가져왔다. 이 때문에 장쑤성에는 부유한 지급시와 상대적으로 빈곤한 현이라는 경제구조, 곧 강시약현 구도가 자리 잡게 됐다.

이와 함께, 개혁·개방 초기 장쑤성은 계획경제 시기 축적한 자본을 기초로 집체기업 위주의 발전 전략을 선택함으로써 현지 민영기업의 발전을 가로막았다. 이는 집체기업이 지방정부의 강력한 통제하에 있었고, 따라서 집체기업의 성공 여부는 관료들의 이해관계에도 큰 영향을 주었기 때문이다. 이후 장쑤성은 외자 의존형 발전 전략을 추구하게 되고, 경제의 양적 성장을 중시하는 관료의 인센티브 구조는 다시 한 번 현지 민영기업 발전에 악영향을 주었다. 이 때문에 장쑤성 민영경제는 정부 정책에 대한 영,향이 상대적으로 떨어지면서, 저장성과 같은 성관현 개혁의 주요 동력이 되지 못했다.

이와 같은 상황에서 장쑤성 리더들은 2000년 중반, 현역 경제의 낙후 문제 해결, 민영경제 발전 촉진 등을 목적으로 성관현 개혁 추진에 적극 나

그림 5-2 | 장쑤성 성관현 개혁의 인과 모형

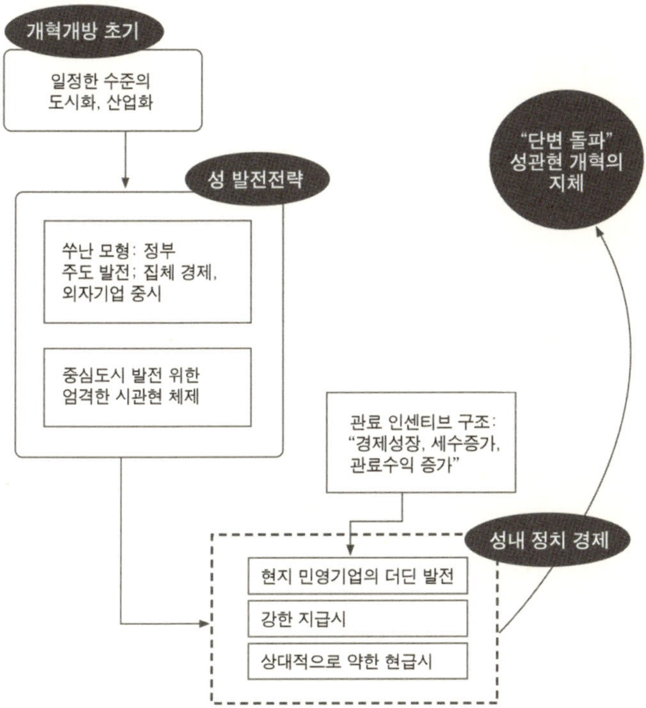

섰다. 그러나 2004~2009년 초 사이 장쑤성의 성관현 개혁은 지급시의 강력한 저항에 부딪히면서 성 리더들의 의지와 노력에 비해 큰 진전을 보이지 못했다. 이런 결과는 이 기간 동안 개혁기 장쑤성의 경제 발전 전략의 영향으로 사회 및 기층 차원에서 성관현 개혁의 동력이 취약했던 반면, 시관현 체제를 고수하고자 하는 지급시의 능력은 강력했던 것과 관련된다.

6장

지린

'약시약현' 구도, 성 리더십과 신속·과감한 개혁

3장에서 살펴본 것처럼 지린성은 다른 성들에 비해 다소 늦은 2005년 성관현 개혁에 본격적으로 착수했다. 그러나 지린성은 일부 학자들의 주장과 달리, 시장경제가 상대적으로 성숙하지 않고 경제 발전 수준도 그리 높지 않은 조건에서도 다른 성들에 비해 상당히 큰 폭의 개혁을 단기간에 실행에 옮겼다. 이런 점에서 저장성이 장기간에 걸쳐 점진적, 누진적으로 시관현 체제를 상당 정도 해체했다고 한다면, 지린성은 단기간에 과감한 방식으로 성관현 개혁을 추진함으로써 시관현 체제를 크게 약화시킨 것으로 평가할 수 있다. 이 장은 어떤 요인으로 지린성이 이와 같은 신속하고 과감한 개혁을 추진할 수 있었는지에 대해 살펴볼 것이다.

1. 성과 현 경제의 전반적 낙후

1983년 지린성은 다른 성들과 마찬가지로 중앙정부의 방침에 따라 시관현 체제를 도입했다. 시관현 체제의 도입과 함께 기존의 창춘시(長春市), 지린시와 같은 2개의 성할시가 지급시로 전환됐다. 그리고 같은 해 쓰핑 지구(四平地區)가 해체되고, 그 관할 쓰핑시와 랴오위안시(遼源市)가 각각 지급시로 승격되면서 기존 쓰핑 지구의 현들을 분할 관리하기 시작했다. 1985년에 들어서는 퉁화 지구(通化地區)가 폐지되면서 퉁화시와 훈장시(渾江市)와 같은 2개의 지급시가 새로 설치됐고, 기존 퉁화 지구의 관할 현들은 이들 지급시의 관리 아래 놓이게 됐다. 이와 함께 지린성은 같은 해, 당시까지 설립된 6개 지급시에 현과 현급시의 재정을 관리할 수 있는 권한을 부여했다. 1993년 지린성은 기존 바이청 지구(白城地區)를 폐지함과 동시에 쑹위안시(松原市)와 바이청시 2개의 지급시를 새로 설치하고, 기존 바이청 지구의 현과 현급시를 이들 지급시 관할하에 두었다. 이에 따라 2004년 현재 지린성에는 8개 지급시, 1개 자치주가 41개 현과 현급시를 관리하고 있다. 한편 지린성의 경우 전면적인 시관현 재정 관리 체제는 2000년대 들어서 실시됐다. 2000년 1월 성내 각 시·주·현의 인민정부, 성 정부의 각 판(辦)·청·국, 각 직속 기관에 하달·통보된 '시관현 재정 관리 실시에 대한 통지'(關於實行市管縣財政管理體制的通知, 吉政發[2000]2號)에 따르면, 지린성 인민정부는 중심 도시의 충분한 경제 복사 능력 발휘를 위해 연변 자치주(延邊自治州) 등 일부 지역을 제외하고 2000년 1월부터 기존에 성이 시와 현의 재정을 관리하는 체제에서, 성은 지급시를 관리하고 지급시가 현을 관리하는 재정 관리 체제(곧 시관현 재정 관리 체제)로 전환했다(馬俊清 主編 1993, 628; 李乃潔 主編 1993, 634; 史爲樂 編 2006, 82-92; 吉林省統計局 編 2005, 5).

그림 6-1 | 지린성 지도

지린성 시관현 체제의 한계와 이의 개혁에 대한 논의는 2000년대 중반 성 경제의 전반적 낙후와 현 경제의 취약점 해결을 모색하는 과정에서 본격화한다. 이 시기 지린성의 새로운 경제 발전 전략의 모색은 1990년대 후반 추진된 현역(곧 현과 현급시) 경제 발전을 위한 정책이 별반 효과를 발휘하지 못한 데서 비롯됐다. 그리고 1990년대 후반 현역 경제 발전을 위한 일련의 노력은, 개혁·개방 시기 지린성 경제가 다른 성들에 견줘 지속적으로 상대적인 낙후 상태에서 벗어나지 못한 것과 크게 관련돼 있다.

사실 계획경제 시기 지린성은 중국의 주요 공업기지의 하나로 다른 지역에 비해 경제가 비교적 발전했다. 이 시기 지린성의 중대형 국유기업은 중국의 광산, 화학, 제지, 자동차, 철도 설비 산업 분야 등에서 상당한 비중을 차지했다. 이런 이유로 1978년 지린성의 1인당 GDP는 381위안으로, 당시 전국 30개 성급 행정구 가운데 8위를 기록했다(國家統計局國民經濟綜合統計司 編 1999, 116). 그러나 개혁·개방 이후 중앙정부가 연해 지구 위주의 발전 전략을 채택하고 대외 경제 교류를 중시하게 되면서, 지린성 경제는 상대적으로 정체 또는 쇠퇴하는 양상을 보였다. 이를테면 전국 평균 수준에 미치지 못하는 공업 증가 속도, 전국 생산 총액 및 공업 생산 총액에서 차지하는 비중의 하락, 경제 규모 순위의 하락, 전국 평균 수준에 미치지 못하는 고정자산 투자 속도 등을 들 수 있다. 이 결과 1998년 지린성의 1인당 GDP는 1,557.78위안, 1인당 재정수입은 354.16위안으로, 31개 성급 행정구 중 각각 14위에 그쳤다(陳萍·王正·王丹 2006, 2-4; Cotton 1996, 1087-1088).

이런 과정에서 지린성은 농업 위주의 경제구조와 재정 궁핍이라는 문제를 안게 됐다. 1990년대 후반 성 리더들은 이런 문제가 기본적으로 현 지역의 공업 발전이 더디고 현 경제가 농업에 주로 의존하여 성 전체의 재정 궁핍으로 이어진 것으로 인식하게 됐다. 이런 문제의식에서 지린성 리더들은 현 경제 발전을 촉진하기 위한 방안 마련에 나서게 됐다(馮連擧 等 2003; 王風光·盧景斌 2006). 구체적으로 1998년 중공당 지린성 제7기 2차 전체회의에서 성위 서기 왕윈쿤(王雲坤)은 "사상 해방, 창신 개척은 우리 성의 개혁과 발전을 더욱 착실히 전진하게 한다"(解放思想,開拓創新,把我省改革和發展更加紮實地推向前進)라는 연설을 통해 '과학흥성'((科教興省), '개방선도'(開放帶動), '현역돌파'(縣域突破)라는 3대 경제 발전 전략을 제시했다(馮連擧 等 2003). 그리고 2000년 12월 개최된 중공당 지린성 제7기 5차 전체회의에서 왕윈쿤은 "믿음을 강화하고, 앞을 개척하며, 참신한 자세로 21세기에

표 6-1 | 1998~2004년 지린성 경제 실력·경쟁력의 전국 순위

연도	역내 GDP	역내 GDP 증가율	1인당 GDP	재정 총수입	재정 총수입 증가율	1인당 재정 수입	고정 자산 총투자	고정 자산 투자 증가율	1인당 고정 자산 투자액	전사회 소비품 소매 총액	전사회 소비품 소매 증가율	1인당 소비품 소매액	종합 순위
1998	20	18	14	21	25	14	23	12	18	17	11	9	20
1999	19	12	14	22	20	14	22	4	18	17	17	9	16
2000	19	23	14	22	30	16	20	5	18	17	10	9	17
2001	19	7	13	22	18	14	20	13	16	17	4	9	16
2002	18	14	13	22	14	13	19	10	14	17	13	9	19
2003	18	24	13	23	10	14	24	27	17	16	12	10	19
2004	20	18	14	24	30	16	24	22	18	16	27	10	25

자료: 李閩榕(2006, 249).

들어서자"(增強信心開拓前進以嶄新的姿態邁入21世紀)라는 연설에서 이 3대 경제 발전 전략을 다시 한 번 강조했다(王雲坤 2000). 이런 발전 전략에 입각해 지린성은 현역 경제 발전을 위한 다양한 정책적 노력을 펼쳤다. 이를테면 지린성 지방 세무국은 현에 대한 각종 우대 정책 마련과 세수(稅收) 환경 개선으로 현역 경제 발전을 지원했으며, 성 정부 교통청은 농촌 교통 네트워크 건설을 통한 도시와 농촌의 경제적 연계 방식을 확대했다. 그리고 성 건설청은 소도시 건설을 적극적으로 추진해 도시의 농촌에 대한 경제 복사 능력의 강화를 시도했다(吉林省政府發展研究中心調查組 2006).

그러나 이와 같은 성 정부의 노력에도 다른 성들과 비교할 때 지린성의 전반적인 경제 사정은 크게 개선되지 않았으며, 현 경제도 눈에 띄는 발전을 이루지 못했다. 구체적으로 2002, 2003, 2004년 지린성의 GDP는 2,246.1억 위안, 2,522.6억 위안, 2,598.2억 위안으로 전국 31개 성급 행정구 중 2002년과 2003년에는 18위, 2004년에는 20위에 머물렀다. 2002, 2003, 2004년 성 1인당 GDP는 8,334위안, 9,338위안, 1만 932위안으로

전국 13~14위 수준을 기록했다. 2002, 2003, 2004년 지린성의 재정수입은 131.49억 위안, 154억 위안, 166.28억 위안으로, 전국적 순위 면에서 22~24위에 그쳤다. 그리고 지린성의 전체 경제 실력은 31개 성급 행정구 중 1999년 17위, 2001년 16위에서 2002년과 2003년 19위로, 2004년에는 25위로 하락했다(〈표 6-1〉 참조).

이런 상황에서 지린성 현역 경제는 여러 가지 문제점을 안게 됐다. 구체적으로 2002년 지린성 현역 인구는 전체 성 인구의 70.3%를 차지한 데 비해, 현역의 GDP가 전체 성 GDP에서 차지하는 비중은 50.5%에 머물고 있다. 현과 현급시의 재정수입은 전체 성 재정의 24.7%에 그치고 있으며, 이는 '경제 사회 발전 9·5 기간'(1996~2000)에 비해 1% 포인트 하락한 수치다. 그리고 전체 현(현급시) 가운데 75.6%는 GDP 규모가 50억 위안에 이르지 못하고 있고, 전체 현(시) 중 36.6%가 재정수입이 1억 위안에 미치지 못하고 있다. 현역 1인당 GDP는 성 1인당 GDP인 1,290위안보다 적으며, 재정수입 역시 성 평균 573위안에 미치지 못하고 있다(張如石·滕旭旺·武以仁 2003). 2004년 지린성 통계연감에 따르면, 전체 현(시)의 GDP는 1,750억 위안으로 전체 성 GDP의 49.7%에 그치고 있다. 지방 재정수입이 1억 위안을 초과한 현(시)은 단지 10개이며, 9개 현은 5,000만 위안에도 미치지 못하고 있다. 재정 능력 부족으로 지린성 절대 다수의 현이 '밥을 먹는 정도의 재정' 상태에 있었다. 이 때문에 전체 현(시)의 2/3 정도가 재정수입 부족으로 '정해진 날짜에 급여 지급'과 같은 공무원의 기본 요구도 만족시키지 못하고 있다. 결국 이들 현(시)은 재원 부족으로 기초 시설 건설 사업과 사회 공공사업을 진행할 만한 충분한 재원을 갖고 있지 못하다(鄭吉萍 2007, 5).

이처럼 2000년대 들어서도 지린성 경제가 여전히 상대적으로 낙후되고 현 경제가 발전하지 않은 데 대해, 지린성 리더들은 기존에 지적한 불합리 산업구조상의 문제뿐만 아니라 민영경제의 미발전, 기업 발전 환경의 미형성과 같은 문제에도 주목하게 된다. 이와 관련 2001년 왕윈쿤은 지린성 경제 문제는 주로 전통 경제의 영향에 따른 심각한 구조적인 결함에 기인하고 있다고 분석했다. 또 그는 지린성은 농업 생산의 공업화 수준이 낮고, 전통 공업이 주도적 지위를 차지하고 있어 국제경쟁력이 없으며, 3차 산업의 비중이 전국 수준에 비해 낮다고 지적했다(張詩雨·張迎新 2001). 2003년 8월 '전체 성 차원의 현역 경제 공작회의'(全省縣域經濟工作會議)에서 왕윈쿤은 현역 경제 발전을 위한 '현역돌파' 전략을 관철 집행하는 문제와 관련해, 우선 지린성의 공업화를 통해 농업의 산업화와 도시화를 촉진해야 한다고 강조했다. 그리고 대외 개방을 확대해 성외 자본을 적극적으로 유치해야 하며, 민영경제 발전을 통해 경제의 자율적 성장 기제를 조속히 구축해야 한다고 지적했다(馬昱華·張力軍 2003). 같은 해 9월 왕윈쿤은 현의 경제 발전을 제약하고 있는 요인과 관련해 현 지역의 경우 창업에 대한 활력이 부족하고 경제 발전 환경에 문제가 많다면서, 발전 분위기와 유연한 발전 환경의 조성이 중요하다는 취지의 발언을 했다(張迎新 2003).

실제 산업구조와 민영기업 발전 영역에서 지린성은 다른 성들에 비해 크게 뒤져 있다. 우선 산업구조 측면에서 보면, 2003년 현재 전국적 차원에서 중국의 1차 산업, 2차 산업, 3차 산업의 비율(GDP 기준)이 14.6, 52,2, 33.2인 반면, 지린성의 그 비율은 32.6, 32.8, 34.6으로 후진적인 모습을 보이고 있는 가운데 전체 산업에서도 농업이 차지하는 비중이 높다. 특히 지린성의 현(시)은 농업 비중이 훨씬 커, 2003년 3개 산업의 비중은 42.9, 26.1, 31.0을 기록했다(『中國統計年鑑』(2004年版)과 『吉林統計年鑑』(2004年版)을 이용해 필자가 분석). 지린성은 산업구조가 이처럼 후진적일 뿐만 아니라, 성내 민영경제도 낙후한 상태에 있었다. 곧 지린성 민영경제의 전체적인 발전 수준은 연해 지구에 미치지 못할 뿐만 아니라 성내 경제에서 차지하는 비중도 국유경제 등에 비해 상당히 낮았다. 2000~2005년 통계자료(『中國統計年鑑』(2004年版)과 『吉林統計年鑑』(2004年版) 자료)를 이용해 필자가 분석한 데 따르면, 2000년 지린성 현지 민영경제의 GDP 증가액은 302.73억 위안으로 전체 성 GDP 증가액의 16.2%를 차지했다. 이후 지속적으로 그 비중이 상승했지만, 2005년에도 그 비중은 34.1%에 그쳤다. 이와 같은 수치는 전체 성 차원, 또는 대부분의 현(시)을 대상으로 시관현을 실시하고 있는 18개 성의 평균 증가액 43.1%와는 큰 차이를 보이는 것이다. 세수(稅收)에 대한 민영경제의 기여도도 지린성 민영경제의 취약성을 잘 보여 주고 있다. 구체적으로 2000년 지린성 민영경제의 세수 총액은 28.7억 위안으로 전체 성 세수에 대한 공헌도는 15.6%였다. 2005년 민영경제의 세수액은 97.3억 위안, 전체 성 세수 총액에서 차지하는 비중은 23.3%로, 2000~2005년 사이 7.7% 포인트 증가했다. 그러나 이런 증가에도 지린성 민영경제의 성 재정에 대한 공헌도는 2005년 현재 시관현 체제를 전체 성 차원에 도입한 18개 성의 민영경제 평균치 31.6%와 비교할 때 여전히 큰 차이를 보이고 있다.

2. 성 리더십의 개혁 의지와 능력

이처럼 1998년 시작된 현 경제 발전 전략이 별반 효력을 발휘하지 못하고 있는 가운데, 왕민 신임 성장의 부임 이후 현 경제 발전 방안 모색은 지린성 정·관계의 중요한 화제로 다시 떠올랐다(劉長傑 2005a).

2004년 말 새로 임명된 왕민은 '길림쾌포'(吉林快跑, "지린성 빨리 달리다"의 뜻)를 지린성 경제 발전의 총기조로 선택하고, '상쟁하촉, 외인내배'(上爭下促, 外引內培)를 발전을 위한 지도 이념으로 내세웠다. 여기서 '쾌포'(현지 발음으로는 '콰이파오')란 지린성 경제 발전 속도를 지금보다 더욱 빠르게 하자는 의미로, 지금까지 지린성의 경제 발전 속도는 '빨리 걷는'(쾌주, 快走, 현지 발음으로는 '콰이쩌우') 수준이었으나 앞으로는 '빨리 달리는'(快跑) 수준으로 끌어올려야 한다는 것이다(王永生 2005, 4). 이를 실현하기 위해 제기한 상쟁하촉, 외인내배 방침에서 '상쟁'은 국가(중앙정부)의 지원을 적극적으로 이끌어 내고, '하촉'은 지린성 내 각 지역의 발전을 적극적으로 추동하고, '외인'은 성외 기업가와 자본의 유치를 더욱 강화하며, '내배'는 성내 민영기업 육성을 적극적으로 추진한다는 것이다(施平 2004; 時代人物 2004). 이를 위해 왕민은 국유기업 개혁, 성외 자본 유치, 민영기업 발전을 주요한 과제로 제시했다(吳兆飛 2005). 그리고 왕민은 정부 차원에서 이를 뒷받침하기 위해 행정 능력 향상, 서비스형 정부 건설 등과 관련된 제도적 정비 및 정책을 펴는가 하면, 간부들의 태도 변화를 위한 정풍운동(政風運動)을 대대적으로 실시했다. 이와 함께 현(시)의 자율성 향상과 현 내 경제활동의 편리성을 증대하기 위한 방안으로 성관현 개혁을 제시했다(王永生 2005, 6).

앞서 언급한 왕민의 지린성 경제 발전 전략은 사실 그의 쑤저우 서기 시절의 경험과 밀접히 관련돼 있다. 왕민은 지린성 성장으로 부임하기 직전인 2002년 5월에서 2004년 10월 사이 장쑤성의 쑤저우시 서기로 재직했다. 쑤저우시 서기 시절, 왕민은 국유기업 개혁과 현지 민영기업 발전을 위한 중요한 정책적 조치들을 취했다. 우선 쑤저우시의 국유기업 개혁 방면에서 왕민은 세 가지 중요한 사항을 관철시켰다. 첫째, 쑤저우시의 모든 공유제 기업을 대상으로 개혁 조치를 단행했다는 점이다. 둘째, 공유제 기업의 소유권 제도 개혁을 적극 추진하는 한편, 국유기업이 경쟁력이 있고 경영성이 있는 산업 분야를 지배하지 못하도록 했다. 셋째, 변화된 사회·경제적 환경에 맞게 국유기업 직공의 신분을 재조정했다. 이를 위해 전통적인 국유기업의 고정직 직공과 계약직 직공에 대해 새로운 노동계약을 맺도록 했다. 이로써 그가 서기를 맡은 이후 1년 반 만에 1,034개의 국유 단위에 대한 구조 조정이 이뤄졌으며, 이와 관련된 자산 규모는 총 267억 위안에 달했다. 또 11만 3,000명의 국유기업 직공에 대한 신분 재조정이 이뤄졌다(時代人物 2004). 이와 함께 왕민은 쑤저우 서기 당선 이후, 외자 의존형 경제 발전 모델에서 현지 민영기업 중심의 경제 발전 모델로 전환하기 위해 힘썼다. 구체적으로 2003년 말 중공당 쑤저우시 위원회 제9기 6차 전체 회의에서, 왕민은 '민영경제 비약 계획'(民營經濟騰飛計劃)의 실시를 제기했다. 이에 따라 2004년 1월 쑤저우시 당위원회와 시 정부는 '민영경제 비약 촉진에 관한 결정'(關於促進民營經濟騰飛的決定)을 통해 사영기업과 개체공상호의 발전과 관련된 3개년 목표와 이를 뒷받침하기 위한 주요 정책을 제시했다. 이후 왕민이 이끈 쑤저우시의 정책이 실효를 거두면서 현지 민영경제는 빠른 성장을 하게 됐다. 이 결과 민영경제 비약 계획은 2004년 말에 이미 사영기업과 개체공상호의 수량, 등록 자본, 평균 등록 자본 등과 같은 지표 면에서 각각 3개년 계획의 목표의 59%, 64%, 77%를 달성했다(中共蘇州市委·蘇州市人民政府 2004).

이런 경험에 기초해, 왕민은 성관현 개혁 실시의 중요성과 관련해 "국유기업 개혁, 성외 기업가 및 투자 유치, 민영경제 발전과 함께, 현(현급시)에 대한 경제·사회 관리권 하방을 통한 현(시) 경제의 적극성·주동성·창조성을 동원해 현역 경제 발전의 활력·동력·능력을 증강해야 한다"고 언급했다. 그리고 그는 "성외 기업, 자본의 유치와 민영경제 발전은 현역 경제 발전의 쌍발 엔진(雙引擎)으로, 각 현들은 양호한 발전 환경 조성, 성외 기업 및 자본 유치, 민영경제 발전에 업무의 중점을 두어야 한다"고 강조했다(王珉 2005a, 114-115, 119-120).

한편 1998년 이후 추진해 온 지린성의 현 경제 발전 전략과 그 성과의 미흡에 대한 문제의식은, 성관현 개혁에 대한 성 리더들의 신속한 합의를 이끌어 내는 중요한 배경이 됐다. 이와 관련 2005년 왕민 성장은 현(시)에 대한 경제·사회 관리 권한 이양 문제에 대해, "나는 윈쿤, 옌즈, 쉬에런, 선쉬에 등의 동지와 소통했다"(我與雲坤·炎志·學仁·申學等同志進行了溝通)며 성 리더들 간의 개혁에 대한 합의를 강조했다(郎毅懷 2007b).[3] 그리고 2005년 6월 '전체 성 현(시) 경제·사회 관리 권한 공작회의'에서 지린성 서기 왕윈쿤은 성관현 개혁의 필요성에 대해 "(지린성) 현의 경제 발전이 늦어지고 있는 주요 원인은 활력이 부족하고 동력이 충분하지 않은 데 있으며, 활력과 동력을 제약하고 있는 것은 기존의 경제·사회 관리 체제와 운용 기제"라고 주장했다. 또 같은 해 왕윈쿤은 노(老) 공업기지의 진흥을 위해서는 활력으로 충만한 체제와 기제 건설이 필요하며, 이를 위해서는 민영경제의 발전이 중요하다고 지적했다(王雲坤 2005a; 王雲坤 2005b, 105).

이와 같은 성 리더들의 합의를 배경으로 왕민 성장은 성관현 개혁에 대한 강력한 의지를 여러 차례 공개적으로 표명했다. 이를테면 2005년 6월 7일 성위와 성 정부가 소집한 '현(시) 경제·사회 관리 권한 확대 성 직속부문 동원 대회'에서, 왕민 성장은 "현의 권한 확대 업무는 관련 분야가 광범위

3_왕민이 언급한 성 리더들은 당시 중공당 지린성 위원회 상무위원회(상위) 주요 멤버로, 성서기 왕윈쿤, 성 부서기 린옌즈(林炎志), 상위 위원 겸 상무 부성장(常務副省保) 톈쉬에런(田學仁), 상위 위원 겸 비서장(秘書長)인 리선쉬에(李申學)를 가리킨다.

하고, 성, 시, 현 사이의 이익 관계의 조정이 크며, 정치적 성격이 짙다. (따라서) 업무 기율을 엄격히 준수해야 하며, 일처리를 확실히 해야 한다. 만일 이런 요구에 맞서 일을 제대로 처리하지 않을 경우 엄격하게 처리할" 것이라고 경고했다(王瑨 2005b, 113). 동시에 그는 현(시)의 권한 확대는 따라야 할 대세이며 피할 수 없는 추세로 만일 권한을 하방하지 않으면 그와 관련된 사람을 내보낼 것(不放權就放人)이라고 경고했다(霍紅 2006, 11-12). 또 같은 해 6월 27~28일 사이 개최된 '전체 성, 현(시) 경제·사회 관리 권한 공작회의'에서 왕민은 "하방할 수 있는 권한은 모두 하방한다는 원칙 아래, 이번에 하방하기로 한 권한을 7월 말 이전까지 모두 하방해야 하며, 거짓으로 권한을 하방할 경우 관련자는 그 누구라도 엄격한 처벌을 받을" 것이라고 경고했다. 1998년 현역 발전 전략의 과거 경험을 되풀이하지 않기 위해, 왕민 성장은 권한 하방의 최후 기한을 정했을 뿐만 아니라 간부들의 하방에 대한 엄격한 집행을 요구했다. 그는 "진정으로 전면적인 하방을 해야 하며, 일거리만 내보내고 권한은 하방하지 않거나, 겉으로는 하방하고 실제로는 하방하지 않거나, 권한은 하방하면서 돈은 하방하지 않으려 해서는 안 된다. 만일 이를 발견하면, 엄격히 처리하고 또 영도자에게 책임을 물을" 것이라며, 권한 확대 업무를 충실히 수행할 것을 요구했다(劉長傑 2005a, 6).[4]

한편 성관현 개혁의 주요 목적 중 하나가 성외 자본 유치, 민영경제 발전이라는 점을 고려할 때, 왕민 성장은 이를 경제적으로 뒷받침할 수 있는 상당한 수준의 성외(省外) 자본 동원 능력을 보여 줬다. 이는 우선 지린성 간부들의 연해 지구 시찰 과정에서 확인할 수 있다. 지린성이 현의 권한 확

4_왕민의 발언은 다음과 같다. "要做到真正全面下放,不能放事不放權, 明放暗不放, 或者放權不放錢° 如果發現, 將嚴肅處理, 並追究領導責任!"

대에 대한 구체적인 조치를 실행하기 이전인 2005년 5월 중순, 왕민을 단장으로 한 지린성의 당정 대표단은 장쑤성, 상하이시, 저장성에 대한 학습 시찰을 실시했다. 이 때 왕민은 지린성과 장쑤성 간의 교류 협력에 관한 협의를 이끌어 냈고, 지린성의 100여 개 기업이 장쑤성 쿤산시 20개 민영기업과 25개 타이완 기업 대표와 상호 협력할 수 있는 기회를 이끌어 냈다. 또 당시 지린성은 저장성과 일련의 경제협력 사업에 합의를 이루기도 했다. 이 밖에 2005년 4월 11일에는 지린 및 동북아 투자 박람회를 처음으로 개최해 동북아 국가 등의 각국 상업계 인사의 투자를 유치했으며, 4월 13일에는 한국 기업과의 경제 교류 투자를 이끌어 냈다(吉林省人民政府辦公廳 2005b, 40; 吉林省地方志編纂委員會 2005). 이런 노력의 결과 2001~2004년에 지린성의 사회 고정자산 투자 증가율은 연평균 18~20%에 그쳤지만, 2005년에는 고정자산 투자액이 1,802억 위안을 기록하면서 전년 대비 54% 증가했다. 이와 같은 증가폭으로 지린성은 역사상 처음으로 고정자산 증가율 면에서 전국 31개 성 가운데 1위를 차지했다. 그리고 2005년 실제 외자와 성외 자본 이용 비율은 2004년에 비해 100% 이상 증가했다(李昆明 2007, 156; 趙玉琳 2006, 110).

3. 지급시 능력의 한계

앞서 논의한 것처럼 성관현 개혁의 실시는 불가피하게 지급시의 기존 이익을 침해할 수밖에 없으며, 이 때문에 지급시는 종종 개혁에 소극적이거나 심지어 저항하는 경향을 보이고 있다. 지린성의 경우도 이런 문제에 대한 우려가 제기됐다.

2005년 6월 '전 성, 현(시) 경제·사회 관리 권한 확대 공작회의' 폐회 시, 당시 지린성 부서기인 린옌즈의 연설은 지급시의 성관현 개혁에 대한 우려를 잘 보여 주고 있다. 첫째, 지급시의 실권 상실 문제와 관련해 린옌즈는 "현의 권한 확대 이후 시관현 체제의 당정 관계, 지급시(자치주)의 현에 대한 관리 책임 및 기능은 여전히 중요하다. 비록 시(주)가 일련의 구체적인 사권을 상실하지만 거시적인 지도, 감독·감사, 종합 협조 기능에는 변화가 없고, (오히려 그에 대한) 요구는 더욱 커지며, 그 기준 역시 더욱 엄격하다"고 강조했다. 시(주)의 발전 공간 축소, 도시 기능의 약화·축소 문제에 대해 그는 "우리는 현(현급시) 권한을 확대하지만 결코 현(시)과 중심 도시를 분열시키거나 대립(…)시키려 하는 것이 아니다. (…) 도시 문제 연구는 우리 시(주) 영도 동지들이 가장 많은 발언권을 가지고 있으며, 여러분이 조사 연구를 확실히 하고, 그러면 향후 당신들의 의견을 적극 청취할 것이다"라고 말했다. 마지막으로 성위가 현(시) 정직(正職)을 직접 관리하는 문제에 대해 그는 "일부 동지들이 시(주)의 관리 권한이 없어지고, 구속력이 없어지는 것으로 인식하고 있으나 (…) 이런 우려는 불필요한 것이다. (…) 현의 정직 인사의 예비 인선은 시의 의견을 충분히 들을 것이며, 시 위원회의 표결을 거칠 것"이라고 언급했다(林炎志 2005, 127-129). 린옌즈의 발언을 통해, 지급시가 성관현의 실시로 사권, 인사권 등에서 상당한 수준의 기득권을 상실하게 되며, 동시에 현(시)과의 경제적 경쟁도 피할 수 없다는 점을 확인할 수 있다.

그러나 이런 기득권 상실 위험에도 지린성에서는 장쑤성과 같은 눈에 띄는 지급시의 저항은 나타나지 않았다. 이는 지급시의 경제적 실력이 현역 경제에 비해 확실한 우위를 차지하지 못하고 있는 것과 관련된다.

표 6-2 | 1980~2004년 지린성 현급 행정구 변동 추이(단위: 개, %)

행정구 \ 연도		1980	1983	1986	1989	1992	1995	1998	2001	2004
현 (시)	현급시	5	5	4	11	12	14	15	14	14
	현	29	31	28	19	18	15	14	16	16
	자치현	2	2	2	3	3	3	3	3	2
	합계	36	38	34	33	33	32	32	33	32
지급시구		9	13	18	18	18	19	19	19	19
현급 합계		45	51	52	51	51	51	51	52	51
구 비중		20	25	35	35	35	37	37	37	37

주: 연변 자치주 관할 현(현급시) 제외.
자료: 필자 작성. 관련 데이터는 중국행정구획망.

> (지린성의) 중심 도시는 수량이 적고, 경제 총량이 크지 않으며, 기능을 다 갖추지 못해 현역(縣域)에 대한 (경제) 복사 능력이 약하다(林炎志 2005, 128).

우선 지린성 지급시의 능력의 한계는 현급 행정구의 변동 추이에서 간접적으로 확인할 수 있다. 〈표 6-2〉와 같이 지린성의 경우 지급시가 직접 관할하는 구의 비중은 시관현 체제 안정화 이후 뚜렷한 변화를 겪고 있지 않을 뿐만 아니라, 전체 현급 행정단위에서 차지하는 비중도 장쑤성과 같이 높은 수준을 보이지 않고 있다. 구체적으로 시관현 체제가 공식 도입된 지 얼마 지나지 않은 1980년대 중반 지급시의 관할구의 비중은 35%를 기록했다. 이후 이런 비중에 큰 변화가 없으면서 2004년 현재 지급시 관할구의 비중은 1986년에 비해 단 2% 증가한 37%에 머물고 있다. 이와 같은 결과는 지급시가 경제적 능력 등의 부족으로, 장쑤성 등과 달리 주변 현과 현급시를 합병해 직접 관할하는 구를 확대해 갈 수 없었음을 시사하고 있다.

성관현 개혁 직전 지린성 지급시의 실질적인 경제 능력은 이런 점을 뒷받침하고 있다. 우선 세수 확보 능력에서 지린성 지급시는 다른 성들의 지급시나 지린성 내 현과 현급시에 비해 뚜렷한 우세를 보이지 못하고 있다. 필자가 지린성 통계연감 자료를 분석한 데 따르면, 2002년 지급시 재정수입은 65.75억 위안으로 전체 성 재정수입의 50%에 그쳤으며 2003년에 그 비중은 40.7%로 하락, 62.69억 위안이었다. 2002년 지린성 지급시의 재정수입 비중은 전국 평균 수준으로 17개 성 중 9위를, 2003년에는 18개 성 중 13위를 각각 차지했다. 그런데 지린성의 성도(省都)이자 부성급 시인 창춘시를 제외하면 지급시의 세수 비중은 더욱 떨어진다. 이를테면 2002년의 경우 장춘시가 전체 성 재정수입에서 차지하는 비중은 32%에 이르고 있고, 기타 나머지 7개 지급시의 세수 수입 총액의 비중은 단지 34%에 지나지 않는다. 현역 경제와의 관계에서도 지린성 지급시는 다른 성들에 비해 뚜렷한 우세를 보이지 못하고 있다. 2002년 지린성 지급시의 평균 1인당 GDP와 성의 1인당 GDP의 차이는 5,089위안으로, 같은 해 전체 성 차원에서 시관현 체제를 도입한 17개 성의 평균 차이 5,930위안에 미치지 못하고 있다. 이런 수치는 현(시) 경제와 비교해 지린성의 지급시 경제 실력이 전국 지급시 평균 수준에 미치지 못하고 있음을 의미한다.

한편 현과 현급시의 경제 실력을 성 1인당 GDP와 현(시) 1인당 GDP 비교를 통해 살펴보면, 지린성 현역 경제는 다른 연해 지구에 비해 낙후돼 있는 것은 사실이지만, 성내 지급시와의 관계에서는 그 차이가 심하지는 않다. 구체적으로 2002년 발달 지역(성 1인당 GDP의 1.5배 이상)에 속하는 현(시)은 1개였고, 차발달 지역(성 1인당 GDP의 0.75 이상 1.5 미만)에는 22개, 낙후 지역(성 1인당 GDP의 0.75 미만)에 19개가 각각 속했다. 성 1인당 GDP 이상인 현(시)은 총 10개로 전체 현(시)에서 차지하는 비중이 24.4%이고, 낙후 지역의 비중은 46.3%이다. 이와 같은 현의 성내 상대적 경제능력 분석 결과, 지린성에 속하는 현의 경제 실력이 성 내부 차원에서 비록

표 6-3 | 2003년 지린성 41개 현(현급시)의 성내 상대적 경제 능력

구분	발달 정도	수량 (개)	GDP (억위안)	1인당 GDP (위안) *	1차 : 2차 : 3차 산업(%)
현 (시)	발달	1	64.3	14,295	22.96 : 39.51 : 37.53
	차(次)발달(상)	9	484.02	12,762	28.04 : 37.53 : 34.43
	차(次)발달(하)	13	575.43	8,231	30.44 : 32.70 : 36.87
	낙후	19	395.21	5,542	42.87 : 26.10 : 31.03
	현(시) 전체	41	1,518.96	-	32.59 : 32.80 : 34.60
성 전체	-	-	2,522.6	9,338	19.30 : 45.33 : 35.37

주: ' * '은 현(시)의 1인당 GDP는 현(시)의 단순산술평균이다. 여기서 '발달'은 성의 1인당 GDP를 기준으로, 현(시)의 1인당 GDP가 1.5배 이상, '차발달(상)'은 1~1.5배, '차발달(하)'는 0.75~1배, '낙후'는 0.75 이하임을 가리킨다.
데이터 자료: 吉林省統計局 編(2004).

저장성의 현들에 비해 떨어지지만 장쑤성의 현들에 비해서는 뛰어남을 보여 주고 있다(4장 〈표 4-3〉, 5장 〈표 5-4〉 참조).

4. 신속·과감한 개혁 실행

앞서 살펴본 성 리더십의 강력한 의지와 능력, 지급시 능력의 한계는 지린성의 신속하고 과감한 성관현 개혁 조치로 이어졌다.

(1) 정책 결정 과정

2005년 4월 8일, 지린성 정부는 같은 달 1일의 제2차 성 정부 상무회의의 결정에 따라 '현역 경제 발전에 대한 약간의 의견 통지'(關於進一步支持

縣域經濟發展若幹意見的通知, 吉政發[2005]10號)를 통해 성관현 개혁의 개시를 알렸다. 이 문건에서 지린성 정부는 현의 경제·사회 관리권 확대, 행정 심사 비준 간소화에 대한 의견을 처음으로 공식 제기했다(吉林省人民政府 2005; 王健 2005).

2005년 4월 성관현 개혁의 방향이 제시된 이후, 지린성 정부 안에는 1개월 남짓 사이에 성관현 개혁 문제를 전담하는 6개 소조(小組)가 구성돼 현의 권한을 강화하는 작업을 시작했다. 이 중 성관현 개혁을 진두지휘하기 위한 조직으로 당정 주요 조직이 참여하는 '권한 확대 공작 영도 소조'(擴權工作領導小組)가 꾸려졌다. 이 영도 소조에는 성위(省委) 조직부, 성위 기율위원회(감찰청), 성위 정책연구실, 성위 재정·경제 판공실, 성 정부 발전개혁위원회, 성 정부 재정청, 성 정부 민정청, 성 정부 연구센터(硏究中心), 성 정부 법제 판공실, 성위 판공청, 성 정부 판공청 등 11개 부문이 관련됐으며, 권한 확대 영도 소조 판공실은 성위 재정·경제 판공실에 설치됐다. 그리고 이 영도 소조에는 1명의 성 부서기, 성 상무위원, 상무 부성장 등이 주요 책임자로 참여했다. 그리고 성위 재경 판공실이 정책을 마련하고, 성 정부 연구센터가 실질적인 권한 확대 업무를 책임졌다. 이후 이 영도 소조를 중심으로 성 정부는 현의 권한 확대를 원활히 진행하기 위해 10여 차례 회의를 개최하는 한편 관련 조사 연구를 실시했다(香港商報 2006).

이와 관련, 지린성 주요 간부들은 5월에서 6월 초 두 차례에 걸쳐 '남방지역 학습 시찰'(南方學習考察)에 나섰다. 성의 당정 주요 조직(성위 재정·경제 판공실, 성 정부 발전개혁위원회, 성 정부 재정청, 성위 조직부 등)의 인사가 중심이 된 이 시찰단은 저장성과 장쑤성, 그리고 후베이성과 장시성을 각각 학습 시찰했다. 이 학습 시찰 이후 시찰단은 지린성 리더들에게 권한 확대 대상 문제와 관련해 '강현만을 대상으로 한 권한 확대,' '강현과 약현 두 지역에 대한 권한 확대,' '전체 현을 대상으로 한 권한 확대'와 같은 세 가지 방안을 보고했다. 이에 대해 왕민 성장은 지린성 전체 현을 대상으로 성관현 개혁을 실시할 것을 요구했다. 이런 가운데 지린성의 관할 현의 수가 41개로 그다지 많지 않다는 점이 부각됐다. 또 강현, 약현 등의 선별을 위한 기준 마련이 어려운 조건에서 이를 둘러싼 논쟁이 발생하면 관련 개혁이 제대로 추진되지 못할 것이라는 우려가 제기됐다. 결국 이런 점들을 이유로 지린성에서는 전체 현을 대상으로 한 권한 확대가 결정됐다(霍紅 2006, 11-12, 16).

6월 7일에는 성 직속 부문 간부들이 참여한 '현(시) 경제·사회 권한 확대 성 직속 부문 동원 대회'(擴大縣(市)經濟社會管理權限省直部門動員大會)가 개최돼, 현 권한 확대의 필요성, 성관현 개혁의 어려움(각급 정부 간 이해관계 조정에 따른 실행상의 어려움 등)과 이를 극복하기 위한 관련 부처의 업무상 보안의 중요성, 그리고 관련 조치의 엄격한 집행에 대한 논의가 이뤄졌다(王瑨 2005b, 112-113).

이후 개혁 초안이 마련돼 '성 권한 하방 공작조 회의'(省放權工作組會議) 토론과 성 정부 상무회의 등을 걸쳐 2005년 6월 하순 제1차 경제·사회 관리 권한 확대와 재정 성관현 실시에 대한 구체적인 방안이 공식 발표됐다. 이와 함께 성 정부는 이들 조치의 원활한 집행을 목적으로 '현(시) 경제·사회 발전 권한 확대 성 전문 배양·훈련반'(省擴大縣(市)經濟社會管理權限專題培訓班)을 개설하고 각 현(시) 주요 책임자들에 대한 교육을 실시했다. 그리고 1차 하방 이후 5개월 후인 같은 해 11월 중순 지린성 정부는 문건(吉政發[2005]33號)을 통해 "성관현의 효과를 더욱 높이기 위한 차원에서" 대규모의 제2차 권한 확대 조치를 단행했다(郎毅懷 2007b; 吉林省人民政府辦公廳·吉林省地方志編纂委員會 2006, 37).

(2) 주요 개혁 내용 및 평가

2005년 지린성은 성관현 개혁 추진 과정에서 현의 자율권 확대를 위해 사권, 재정권, 인사권 전 영역에서 관련 조치를 단행했다. 첫째, 경제·사회 관리권 측면에서 두 차례 조치를 통해 전체 현에 876개 권한을 부여했다. 이들 권한이 현에 부여되는 방식을 보면, 직접적인 권한 하방·관리 방식 변경 형태가 412개, 위탁·권한 부여(授權)·분급 관리 형태가 356건, 취소·집행 일시 정지 등의 형태가 108건이다. 둘째, 재정권 측면에서는 국가 관련 법규에 따라 연변 자치주 관할 현을 제외하고, 나머지 모든 현을 대상으로 재정 예산 및 결산(決算), 재정 이전, 특별 보조금, 채무 등 재정권 전 영역에서 성관현 재정 관리 체제를 도입했다. 다만 지급시의 현의 재정에 대한 감독 권한은 유지하도록 했다. 셋째, 성위가 직접 현급 영도 간부를 관리하는 조치를 취했으며, 현 업무의 안정성과 지속성을 보장하기 위해 현의 당정 책임자들이 상당 기간 관련 업무를 책임지도록 했다. 또 현의 경제·사회 발전 속도가 현저한 현의 서기는 부청장급(副廳級)으로 승진시키는 동시에 현 직위를 유지할 수 있도록 하는 간부 인센티브 제도도 도입했다(王瑁 2005a, 118).

이와 같은 지린성의 2005년 개혁은 다른 성들과 대비되는 몇 가지 특징을 지니고 있다. 우선은 개혁 속도이다. 지린성은 비록 다른 성들에 비해 다소 늦은 2005년 개혁에 착수했으나 개혁은 상당히 빠른 속도로 진행됐다. 2005년 4월 초 '현역 경제의 진일보 발전에 대한 의견'(吉發[2005]15號)을 통해 성관현 개혁에 대한 원칙적인 수준의 개혁 방향을 제시한 지 2개월만인 같은 해 6월, 현의 사권, 재정권 등을 강화하는 조치를 현실화한 것이다. 이는 이 책에서 다루고 있는 저장성, 장쑤성뿐만 아니라 후베이성,

허베이성 등 비교적 개혁 속도가 빠른 다른 어떤 지역보다도 신속하게 진행된 것으로 평가할 수 있다. 필자가 수집한 당정 문건 자료(부록)에 따르면, 후베이성은 2003년 4월 성관현 개혁을 결정한 이래 2003년 6월 일부 현의 사권 강화 조치를 실시했으며, 2004년 4월에 들어서 재정 성관현을 실시했다(鄂發[2003]10號; 鄂辦發[2003]35號; 鄂政發[2004]20號). 허베이성은 2005년 1월 성관현 개혁에 대한 결정을 내린 이후, 2005년 7월 관련 후속 조치를 내렸다(冀政[2005]8號; 冀政函[2005]83號).

둘째, 개혁 대상 현의 수량이다. 지린성은 2005년 성관현 개혁 과정에서 전체 관할 현(시)과 1개 구(창춘시의 쐉양구, 雙陽區), 총 42개 현급 행정단위를 대상으로 권한 확대 조치를 단행했다. 2002~2007년 사이 전체 현을 대상으로 경제·사회 관리권 확대 조치를 실시한 곳은 지린성을 제외하고는 광둥성, 저장성 등에 불과하다. 한편 상당수 성급 행정구들의 개혁 실험 대상 현 수는 대략 15~30개 정도에 그치고 있다. 이를테면 허베이, 산시성(山西省), 쓰촨성, 산시성(陝西省)은 각각 22, 25, 27, 20개의 현에 사권을 하방하는 수준에 그쳤다.

셋째, 개혁 폭이다. 지린성 개혁은 사권, 재정권, 인사권 전 영역에 걸쳐 이뤄졌으며, 특히 현의 경제·사회 관리 권한 확대 규모에서는 전국 최고 수준이다. 이에 따라 지린성에서는 사권, 재정권, 인사권 전 영역에서 상당한 수준의 성관현이 실현된 것으로 평가할 수 있다.[5]

5_2005년 현과 현급시의 경제·사회 관리 권한 확대, 성관현 재정 관리 체제 실시, 현급 영도 간부의 성 직접 관리 조치로 지린성에 완전한 성관현 체제가 성립된 것은 아니다. 앞서 언급한 것처럼 시는 현의 재정 감독 권한을 여전히 보유하고 있고, 관할 현의 경제·사회 발전 규획(規劃)이나 여러 현에 걸친 '중대' 인프라 건설 및 생태 환경 건설 그리고 돌발성 사건 처리 문제와 관련해 현에 개입할 수 있는 권한을 보유하고 있다. 동시에 당정 영도, 인대·정협, 공

5. 지린성 개혁 요약

지린성은 개혁·개방 이후 장기간 낙후한 국유기업 중심의 공업 체계, 농업 위주의 현역 경제구조 등으로 인해 연해 지역의 다른 성들에 비해 경제 상황이 악화되었다. 이 때문에 1990년대 후반 지린성 리더들은 성의 경제 발전을 위해 산업구조 개선과 현 경제 발전의 필요성을 의식하고, 이를 지원하기 위한 일련의 정책을 펼쳐 왔다. 그러나 이런 노력에도 2000년대 중반까지 지린성의 현 경제는 눈에 띄는 발전을 이루지 못했다.

이와 같은 상황에서 새로 부임한 왕민 성장은 2005년 지린성의 경제 발전 전략으로 '소프트한'(軟) 행정 환경 구축을 통한 민영경제 발전, 성 외부의 자본 유치를 적극 추진했다. 그리고 이를 위해 현역 경제 환경 개선의 일환으로 성관현 개혁이 제기됐다. 왕민의 이런 발전 전략은 쑤저우 서기 시절 국유기업 개혁과 민영기업 발전 환경을 위해 노력한 그의 경험과 밀접히 관련돼 있다. 그리고 현역 경제 발전을 위한 기존 노력이 별반 성과를 거두지 못한 상황에서 성 리더들은 성관현 개혁 방안에 비교적 빠른 합의를 이루게 된다. 이런 상황에서 왕민은 성관현 개혁에 대한 강한 의지를 분명히 표시했으며, 성관현 개혁을 추진하는 데 필요한 성외 자본 동원에서도 상당한 능력을 보여 주었다.

한편 지린성 지급시들은 성관현 개혁에 큰 걸림돌로 작용하지 못했다. 이는 성 경제 전반이 낙후한 상황에서 현뿐만 아니라 지급시들의 경제 능

안·감찰 등의 영역에서 시·현 사이의 영도 관계에도 변화는 없다. 이에 대해서는 鄭吉萍(2007, 4-5) 참조.

그림 6-2 | 지린성 성관현 개혁의 인과 모형

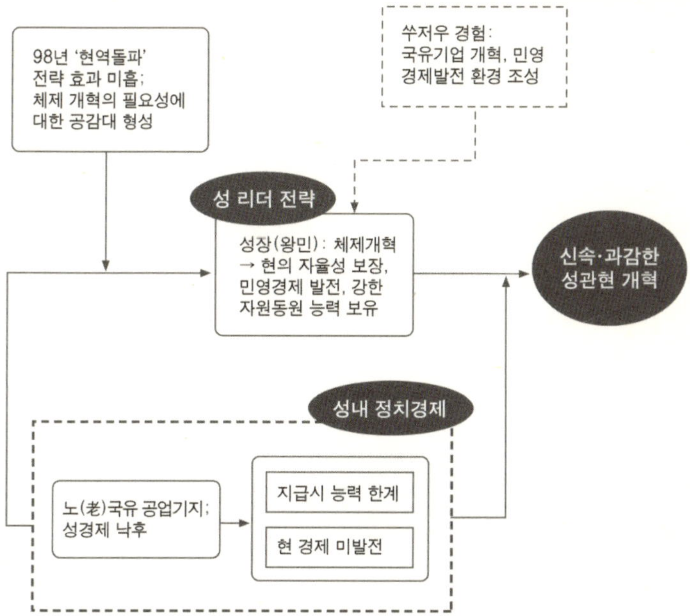

력도 그다지 크지 못했으며, 결국 장쑤성과 같은 반대의 목소리를 낼 수 없었다. 따라서 비록 사회, 기층 차원에서 성관현 개혁을 추동할 만한 동력이 취약했음에도 불구하고 성 리더들의 강력한 의지와 능력에 힘입어, 지린성은 짧은 시간에 사권, 인사권, 재권의 전 영역에 걸쳐 과감한 개혁을 추진할 수 있었다.

7장

결론

지금까지 이 책은 신제도주의 이론과 정치·경제학적 관점에서 출발하여 저장, 장쑤, 지린 3개 성의 성관현 개혁에 대한 사례 분석을 통해, 어떤 정치·경제적 요인들이 이들 성의 개혁 과정에 영향을 주고 있는지에 대해 살펴보았다. 이 장에서는 이런 본문의 분석 내용을 요약하고 서론에서 제기한 문제 — 성관현 개혁의 지방 간 편차의 원인 — 에 대한 물음에 답하고자 한다. 그리고 이런 분석 결과가 갖는 이론적, 방법론적 함의에 대해 논의할 것이다.

우선, 이 연구는 중국 내 일부 학자들이 주장하는 성 전체의 경제 발전 수준 및 시장화 수준과 같은 요인이 각 성의 성관현 개혁 추진에 결정적인 영향을 주지 않고 있음을 분명히 했다. 사실 중국의 경제 환경 변화가 중국의 행정 계층구조 조정의 중요한 배경 가운데 하나임에는 의심의 여지가 없다. 시장경제의 발전에 따라 중국 정부의 주요 기능이 기존의 사회 관리에서 사회와 시장에 대한 서비스 제공으로 변모하고 있고, 이와 함께 각급 정부는 정부 업무의 효율성 제고를 위해 노력하고 있다. 그러나 일부 학자들이 주장하고 있는 것처럼, 성의 시장화 정도와 경제 발전 수준은 성관현 개혁에 있어서 관건적인(deterministic) 요인이 되지 못하고 있다. 오히려 이와 같은 전체 성 차원의 경제적 요인보다는 성 내부의 정치·경제적 요인이 더욱 중요한 영향을 주고 있다.

중국의 성관현 개혁 열기에 불씨를 당긴 저장성의 개혁은, 사회 및 기층 차원의 요구가 개혁의 강력한 동력이 되면서 성 정부의 정책 변화를 이끌어 냈다. 저장성은 개혁·개방 초기 성 경제의 전반적 낙후를 배경으로 성 경제의 발전을 위해 민영기업(개체공상호·사영기업)과 현 중시의 발전 전략을 지속적으로 추구해 왔다. 이 결과 이들은 점차 성 경제에서 무시할 수 없는 위치를 차지하게 됐다. 특히 민영기업은 현 경제 발전의 주요 동력이 됐을 뿐만 아니라 성 전체 경제에서도 상당한 비중을 점유하게 됐다. 저장성 민영기업가들은 이와 같은 점을 이용해 기업 활동의 자율성 제고에 도움이 되는 성관현 체제 도입을 각급 정부에 적극적으로 요구했다. 한편 시관현 체제 도입 이후에도 저장성은 현의 자율성을 보호하기 위해 성관현 요소를 일정 정도 유지하는 '혼합 행정관리 체제'를 채택했고, 이는 다시 현의 경제력이 지급시에 뒤지지 않는 데 크게 기여했다. 이 때문에 2000년대 들어 성 리더십은 이들의 성관현(투자 환경 개선과 현의 자율성 확대, 그리고 이를 위한 현에 대한 권리 이양 및 성의 현에 대한 직접적 관리) 강화 요구를 무시할 수 없었다. 이의 전형적인 사례는 2006년 현급시인 이우시의 권한 확대 개혁이다. 당시 이우시의 민영경제와 이 시의 전체 경제 실력은 상급 지급시인 진화시에 못지않았으며, 이런 이유로 진화시와 이우시는 경제관리 권한 등을 놓고 치열한 경쟁 관계에 있었다. 이런 상황에서 이우시의 권한 확대 요구는 저장성 내에서도 다른 지역의 현과 현급시에 비해 훨씬 컸다. 결국 저장성 정부가 이우시의 개혁 요구를 수용하면서, 이우시는 사실상 성관현 개혁의 주요 실험 대상이 되는 동시에 지급시에 버금가는 권한을 지니게 됐다.

요컨대 저장성은 중앙정부의 요구에 따라 성관현 행정관리 체제를 도입했지만, 성관현 요소를 일정 정도 유지하는 한편 지속적으로 시관현 요소를 약화하면서 점차 성관현 요소를 강화했다. 이는 민영기업과 현급 행정구의 정치·경제적 영향력 확대로 이어졌고, 다시 성관현에 대한 이들의 요구를 강화시켜 주었으며, 결국 2000년대 들어 저장성 전역에서 성관현 개혁이 본격화하는 주요한 동력이 됐다. 이런 점에서 저장성의 개혁 경험은 인과성(causality) 측면에서 신제도주의에서 말하는 '이익 체증적'(increasing-returns) 경로 의존(path-dependence)의 특징을 잘 보여 주고 있다.[1]

한편 장쑤성의 성관현 개혁 과정은 성 내부에 강력한 저항 세력이 존재할 경우, 성 리더들이 강한 의지와 적극적인 노력이 있더라도 자신들의 정책적 선호를 실현하기 어려움을 잘 보여 주고 있다. 그리고 이런 장쑤성 개혁 경험은 일부 전문가들이 주장하는 것과 달리 시장화 및 경제 발전과 같은 요인으로 성관현 개혁의 진척 정도를 설명하기 어렵다는 것을 시사하고 있다. 다시 말해 장쑤성은 시장화 정도, 경제 발전 수준이 전반적으로 다른 성들에 비해 비교적 높지만, 성관현 개혁은 더디게 진행되고 있을 뿐만 아니라 그 진척 정도도 더딘 편이다. 장쑤성이 이처럼 개혁에 어려움을 겪는

1_이익 체증적 경로 의존 등 경로 의존의 다양한 유형에 대해서는 Bennett and Elman(2006, 256-259) 참조.

이유는 성내 정치·경제적 구조에 기인하는 것으로, 이와 같은 구조는 장쑤성이 저장성과는 다른 발전 전략을 채택한 것과 관련돼 있다. 장쑤성은 개혁·개방 이전 이미 일정한 산업화와 도시화를 이룬 상태에서 1980년대 시관현 체제를 적극적으로 도입했다. 이에 따라 개혁기 장쑤성은 시관현 체제라는 환경에서 지급시 중심의 경제 발전 과정을 겪게 됨으로써 성내에는 경제적으로 강한 지급시와 상대적으로 약한 현의 구도가 형성됐다. 이에 더해 정부 주도의 경제 발전과 외자 중시 정책은 최근까지 현지 민영경제의 발전을 가로막았다. 이런 상황에서 도농 간 경제 격차 해소를 위해 2000년대 중반 장쑤성 리더들은 성관현 개혁을 적극 추진했으나, 사회적 차원의 추동력 부족, 지급시의 강한 저항이라는 상황에 직면하게 됐다. 이 때문에 2007년 장쑤성 리더들은 성내 정치권력 구조의 재편(현급 간부의 성 당위원회 위원 선발)을 통한 현급 간부의 발언권 강화와 같은 정치적 동원으로 부분적인 개혁(성관현 재정 관리 체제 도입)을 실시했다. 그러나 2009년 말 현재 장쑤성은 다른 영역에서는 이렇다 할 개혁 조치를 취하지 못하고 있다. 장쑤성의 이와 같은 개혁 경험은 인과성 측면에서 '부정적 회귀'(negative-feedback)의 경로 의존의 특징을 나타내고 있다.

지린성의 사례도 성 차원의 경제 발전과 시장화 수준이 성관현 개혁의 결정적 변인이 될 수 없음을 잘 보여 주고 있다. 다시 말해 지린성의 경험은 이와 같은 순수한 경제적 요인보다도 성 리더십과 같은 정치적 요인이 개혁의 진척에 훨씬 중요함을 드러내고 있다. 지린성의 성관현 개혁은, 이 성이 개혁·개방 과정에서 상대적으로 소외되면서 현 경제뿐만 아니라 성 경제 전반의 발전이 지체된 상황과 관련돼 있다. 2000년대 들어 지린성 리더들은 이런 문제를 해결하기 위해 행정 시스템 개혁에 본격적으로 주목하게 됐다. 이 과정에서 이들은 성외 자본 유치와 민영경제 육성을 위한 환경 조성 정책과 연동해 성관현 개혁을 추진했다. 한편 지린성은 낙후한 국유 기업과 농업 의존적 산업구조의 영향으로 저장성의 민영기업과 같은 사회적 차원의 개혁 동력은 취약했다. 그러나 전반적으로 낙후된 성 경제의 영향으로 지급시도 현 경제에 비해 뚜렷한 우세를 보이지 못했다. 이 때문에 이들은 장쑤성과 같이 개혁에 저항할 명분도 능력도 갖추지 못했다. 이런 상황에서, 개혁에의 강한 의지와 이를 뒷받침할 수 있는 경제 자원 동원 능력을 지닌 성 리더십의 노력으로 지린성은 전국적 측면에서 볼 때 가장 단기간에 그리고 가장 폭넓은 영역에서 개혁 조치를 실행할 수 있었다.

저장, 장쑤, 지린 3개 성의 성관현 개혁에 대한 이런 분석 결과는 우선, 중국 지방정부의 행위를 설명하거나 이해하는 데 단순한 성 수준의 비교 분석은 한계가 있다는 점을 잘 보여 주고 있다. 구체적으로 저장성, 장쑤성과 같이 경제 발전 수준과 시장화 수준이 다른 성에 비해 모두 높은 성들이 성관현 개혁 수준에서 큰 차이를 보고 있는 점은, 서론에서 언급한 일부 학자들이 채용하고 있는 성 전체의 평균적 수준의 단순 비교 분석으로는 성 정부 행위를 적절히 설명할 수 없음을 반증하고 있다. 결국 이 책의 연구 결과는 성관현 개혁과 같은 성 정부의 행위를 적절히 설명하기 위해서는, 기존 연구(Chung 1998, 439-440)가 주장하고 있는 지방 내부의 다양한 정치·경제적 요인들 — 이를테면 성관현 개혁의 성 리더십, 지급시와 현의 상대적 능력, 현지 민영기업의 발전 — 에 대한 고찰이 필요함을 다시 한 번 확인시켜 주고 있다. 이와 함께, 이 책의 성관현 개혁에 대한 분석 결과는 시장화·경제 발전의 수준과 특정의 정치 현상에 대한 성(省) 등 지역 간의 교차 분석을 수행할 때 신중할 필요가 있다는 점을 보여 주고 있다. 다시 말해 경제 발전과 시장화 측면에서 저장성과 장쑤성은 성 전반적인 차원에서 유사한 수준을 보이고 있지만, 서로 다른 경제 발전 경험에 따라 성 경제의 주요 행위자가 지니고 있는 성격이 서로 다르고, 또 이 때문에 성 정부의 행위가 서로 다른 결과를 가져왔다는 것이다.

둘째, 3개 성의 성관현 개혁의 경험은 '행정 및 제도의 재조직화'와 관련된 개혁의 경우도 기존 연구와 달리 '비분배적 정책의 논리'(the logic of non-allocation policy)가 아닌 '분배적 정책의 논리'(the logic of allocation policy)에 따라 진행될 수 있음을 보여 주고 있다. 이미 본문에서 분석한 것처럼, 행정의 재조직화에 해당되는 성관현 개혁의 경우, 일련의 개혁 조치는 성내 주요 행위자들(지급시 정부, 또는 현지 민영기업)의 이해관계에 상당한 영향을 주고 있다. 이런 상황에서 이 행위자들이 성 정부에 맞서거나 현 정부에 영향력을 행사할 수 있는 상당한 협상 능력(bargaining powers)을 보유한 경우, 성 정부와 하급 정부를 상대로 정치·경제적 협상(negotiation)을 진행하게 된다. 이를 통해 이들은 성관현 개혁과 관련한 성 정부의 행위와 정책에 상당한 영향을 주고 있다. 이런 점을 놓고 볼 때, 행정 및 제도의 재조직화와 같은 연구 주제도 특정의 개혁 조치가 공동체 구성원들의 이해관계에 미치는 영향, (잠재적인) 주요 행위자들이 지니고 있는 능력에 대한 충분한 검토를 필요로 하고 있다.

마지막으로, 저장성, 장쑤성, 지린성의 성관현 개혁 정도의 차이와 여기에 미치는 변인들의 조합의 영향은, 특정의 정치 현상이 출현하는 데 있어서 선형 인과성뿐만 아니라 다른 인과성이 존재할 가능성에 대해서도 관심을 기울여야 함을 보여 주고 있다. 다시 말해 3개 성의 개혁 경험은 변인들(정치·경제적 요인들)이 배열(configuration)되고 상호 작용하는 방식에 따라서 서로 다른 정치적 결과로 이어질 수 있음을 잘 보여 주고 있다. 구체적으로 이들 성의 성관현 개혁에서 확인할 수 있는 것처럼, 강한 지급시의 부재(不在)는 높은 수준의 성관현 개혁을 위한 필수조건이 되고 있다. 그러

표 7-1 | 2002~2008년 성내 정치·경제적 요인과 저장·장쑤·지린의 성관현 개혁

	저장성	장쑤성	지린성
성 리더십	–	개혁에 대한 강한 의지, 정치적 동원.	개혁에 대한 강한 의지, 경제적 동원.
시·현의 상대적 능력	약시강현	강시약현	약시 약현
성내 사영 부문의 상대적 비중	높음	낮음	낮음
개혁의 특징과 추진 정도	점진적인 개혁, 광범위한 개혁 조치(사권, 재정권, 인사권).	더딘 개혁 속도, 좁은 개혁 폭(재정권).	신속한 개혁 속도, 광범위한 개혁 조치(사권, 재정권, 인사권).

나 이 요인과 함께 다른 추동력이 더해져야만 개혁은 높은 수준에 이를 수 있다. 이를테면 저장성의 경우, 민영기업가와 같은 사회적 동력과 이들의 성장에 힘입은 강한 현의 존재가 개혁의 심화에 기여했다. 또 지린성의 경험은 사회로부터의 개혁에 대한 요구가 약할지라도 저항 세력(지급시)의 능력이 약할 경우, 성 리더십이 강한 의지와 능력을 발휘하면서 높은 수준의 개혁을 이룰 수 있다는 점을 보여 주었다. 이와 같은 분석 결과는 앞서 언급한 것처럼 방법론적 측면에서 실증주의자들이 주로 주장하는 선형 인과성만으로는 특정의 정치적 결과의 출현을 설명하는 데 한계가 있다는 것을 시사하고 있다. 특히 저장성과 지린성의 성관현 개혁 경험은 "서로 다른 (초기) 조건에서, 서로 다른 경로나 서로 다른 변인들의 조합에 의해, 동일한 정치적 결과(equifinality, multiple causes)가 발생할 수 있음(equifinality, multiple causes)"(Bertalanffy 1968, 29)을 잘 보여 주고 있다(〈그림 4-2〉, 〈그림 6-2〉, 〈표 7-1〉 참조).

2002~2007년 22개 성(자치구) 당위(黨委)·인민정부의 성관현 개혁 관련 주요 문건

지 역	공표 시점	문건 명칭 및 문건 번호
河北	2005.1.	河北省人民政府關於擴大部分縣(市)管理權限的意見, 冀政[2005]8號
	2005.7.	河北省人民政府關於擴大部分縣(市)管理權限的補充通知, 冀政函[2005]83號
	2005.	河北省人民政府辦公廳關於規範擴權縣(市)參加省有關會議的通知, 冀政辦字[2005]115號
山西	2006.4.	山西省人民政府關於確定河津市等25個縣(市)爲全省縣域經濟擴權試點縣的通知, 晉政函[2006]64號
	2006.12.	山西省人民政府關於調整規範省市縣財政體制和在35個國家重點扶貧開發縣實行"省直管縣"財政改革試點的通知, 晉政發[2006]45號
內蒙古	2005(?).	內蒙古自治區人民政府關於擴大部分旗縣(市)經濟和社會管權限的試點的意見
遼寧	2005.1.	遼寧省人民政府辦公廳轉發省財政廳關於支持縣域經濟發展若幹政策意見的通知, 遼政辦發[2005]1號
	2005.7.	遼寧省財政廳關於實行省補助資金直撥到縣(市)財政管理辦法的通知, 遼財預[2005]357號
	2005.11.	遼寧省人民政府關於投資體制改革的實施意見, 遼政發[2005]41號
	2006.10.	遼寧省委辦公廳, 遼寧省人民政府辦公廳關於擴大縣域經濟重點縣(市)經濟管理權限改革試點的意見, 遼委辦發[2006]31號
吉林	2005.4.	吉林省委, 吉林省人民政府關於加快推進縣域經濟社會發展的意見, 吉發[2005]15號
	2005.6.	吉林省人民政府關於擴大縣(市)經濟社會管理權限的決定, 吉政發[2005]16號
	2005.6.	吉林省人民政府關於實行省管縣財政體制改革的通知, 吉政發[2005]17號
	2005.9.	中共吉林省委, 吉林省人民政府關於進一步推進擴大縣(市)經濟社會管理權限工作的指導意見, 吉發[2005]24號
	2005.11.	吉林省人民政府關於第二批向縣(市)下放經濟社會管理權限的決定, 吉政發[2005]33號
黑龍江	2003.12.	黑龍江省委, 省人民政府關於加快發展縣域經濟的若幹意見
	2004.3.	黑龍江省人民政府關於擴大十強縣(市)經濟管理權限的決定, 黑政發[2004]18號
	2006.8.	黑龍江省委關於進一步加快縣域經濟發展的決定, 省第九屆委員會第八次全體(擴大)會議通過, 黑發[2006]16號
	2006.9.	黑龍江省人民政府關於加大財政支持力度促進縣域經濟加快發展的實施意見, 黑政發[2006]79號
	2006.9.	黑龍江省人民政府關於擴大縣(市)經濟社會管理權限的實施意見, 黑政發[2006]75號
	2007.11.	黑龍江省人民政府關於進一步完善省管縣財政管理體制的實施意見, 黑政發[2007]87號
江蘇	2007.3.	江蘇省政府關於實行省直管縣財政管理體制改革的通知, 蘇政發[2007]29號

浙江	2002.8.	浙江省委辦公廳, 浙江省人民政府辦公廳關於擴大部分縣(市)經濟管理權限的通知, 浙委辦[2002]40號
	2003.10.	浙江省人民政府關於進一步深化省級行政審批制度改革的實施意見, 浙政發[2003]35號
	2006.11.	浙江省委辦公廳, 浙江省人民政府辦公廳關於開展擴大義烏市經濟社會管理權限改革試點工作的若幹意見, 浙委辦[2006]114號
	2007.	浙江省人民政府辦公廳關於擴大義烏市部分經濟社會管理權限的通知, 浙政辦函[2007]4號
安徽	2002.8.	中共安徽省委, 安徽省人民政府關於進一步加快縣域經濟發展的若幹意見, 皖發[2002]11號
	2003.6.	安徽省人民政府關於首批下放行政管理和審批事項的通知, 皖政[2003]37號
	2004.1.	安徽省人民政府關於實行省直管縣財政體制改革的通知, 皖政[2004]8號
	2004.3.	安徽省人民政府辦公廳關於轉發省財政廳關於省直管縣財政體制改革的具體實施意見的通知, 皖政辦[2004]18號
	2006.8	中共安徽省委, 安徽省人民政府關於進一步加快縣域經濟發展的意見, 皖發[2006]14號
	2006.12.	安徽省人民政府關於在寧國等12個縣(市)開展擴大經濟社會管理權限試點工作的通知, 皖政[2006]126號
	2007.5.	安徽省人民政府辦公廳關於擴大寧國等12個試點縣(市)經濟社會管理權限的實施意見, 皖政辦[2007]28號
福建	2002.9.	福建省人民政府關於調整市縣財政體制的通知, 閩政[2002]40號
	2002.	福建省財政廳關於體制調整後地方級財政收入劃分及收支基數核定辦法的通知, 閩財預[2002]88號
	2003.10.	福建省委, 福建省人民政府關於加快縣域經濟發展的若幹意見, 閩委發[2003]11號
	2003.10.	福建省委辦公廳, 省人民政府辦公廳關於做好擴大縣(市)經濟社會管理權限工作的通知, 閩委辦發[2003]11號
	2007.7.	福建省人民政府辦公廳轉發省政府法制辦等部門關於開展下放行政審批權限落實情況調研檢查工作方案的通知, 閩政辦[2007]150號
江西	2005.1.	江西省人民政府關於實行省直管縣財政體制改革試點通知, 贛政發[2005]2號
	2005.1.	關於省直管縣財政體制改革試點的具體實施意見, 贛政預[2005]4號
	2007.3.	江西省人民政府關於擴大省直管縣財政體制改革試點範圍的通知, 贛府字[2007]12號
山東	2003.12.	山東省委, 山東省人民政府關於加快縣域經濟發展的意見, 魯發[2003]25號
	2005.8.	山東省人民政府關於進一步加強縣鄉財政建設促進縣域經濟社會統籌協調發展的意見, 魯政發[2005]95號
	2005.8.	山東省人民政府辦公廳關於進一步完善省以下財政管理體制有關問題的通知, 魯政辦發[2005]54號
	2006.8.	山東省委, 山東省人民政府關於在新的起點上推進縣域經濟又快又好發展的意見, 魯發[2006]13號
河南	2004.5.	河南省人民政府關於擴大部分縣(市)管理權限的意見, 豫發[2004]7號
	2007.9.	河南省人民政府辦公廳關於進一步落實擴權縣(市)政策的通知, 豫政辦[2007]108號
湖北	2003.4.	湖北省委, 湖北省人民政府關於加快進縣域經濟發展的若幹意見, 鄂發[2003]10號
	2003.6.	湖北省委辦公廳, 湖北省政府辦公廳關於擴大部分縣(市)經濟和社會發展管理權限的通知,

		鄂辦發[2003]35號
	2004.4.	湖北省人民政府關於實行省管縣(市)財政體制改革的通知, 鄂政發[2004]20號
	2005.6.	湖北省財政廳關於印發省管縣(市)體制下進一步理順省市縣財政工作關系的意見(試行)的通知, 鄂財辦發[2005]11號
	2005.7.	湖北省委, 湖北省人民政府關於進一步促進縣域經濟發展的意見, 鄂發[2005]11號
	2006.4.	湖北省人民政府關於增加陽新縣等10縣爲擴權縣的通知, 鄂政發[2006]26號
湖南	2004.9.	湖南省委, 湖南省人民政府關於加快縣域經濟發展若幹問題的意見, 湘發[2004]17號
	2005.12.	湖南省委辦公廳, 湖南省人民政府辦公廳關於擴大縣(市)經濟管理權限的通知, 湘辦發[2005]18號
廣東	2004.	中共廣東省委, 省政府關於加快縣域經濟發展的決定, 粵發[2004]10號
	2004.4.	廣東省人民政府辦公廳印發關於促進縣域經濟發展財政性措施的意見, 粵府辦[2004]37號
	2005.5.	廣東省第一批擴大縣級政府管理權限事項目錄, 廣東省人民政府令第98號
	2005.6.	廣東省人民政府辦公廳關於做好擴大縣級政府管理權限工作有關問題的通知, 粵府辦[2005]52號
廣西	2004.12.	廣西壯族自治區人民政府關於改革和完善自治區對下財政體制的決定, 桂政發[2004]73號
	2004.12.	廣西壯族自治區人民政府關於改革和完善自治區對下財政體制的具體實施意見, 桂財預[2004]184號
	2005.7.	廣西壯族自治區黨委, 自治區人民政府關於修訂關於加快縣域經濟發展的決定的通知, 桂發[2005]13號
四川	2007.7.	四川省人民政府關於開展擴權強縣試點工作的實施意見, 川府發[2007]58號
	2007.7.	四川省人民政府關於開展擴權強縣試點工作的實施意見:關於擴權試點縣財政管理體制改革的意見[附件], 川府發[2007]58號
雲南	2004.6.	雲南省委, 雲南省人民政府關於加快縣域經濟發展的決定, 雲發[2004]21號
	2004.6.	雲南省人民政府辦公廳關於印發雲南省縣域經濟綜合評價 및 考核辦法等4個配套文件, 的通知, 雲政辦發[2004]135號
	2005.8.	雲南省級專款切塊到縣試點辦法
陝西	2006.12.	陝西省人民政府關於實行省管縣財政體制改革試點的通知, 陝政發[2006]65號
	2007.7.	陝西省人民政府關於擴大部分縣(市)經濟管理權限的決定, 陝政發[2007]25號
甘肅	2005.6.	甘肅省委, 甘肅省人民政府關於加快縣域經濟發展的意見, 省委發[2005]33號
	2007.7.	甘肅省人民政府關於印發甘肅省實行省直管縣財政管理體制改革試點方案的通知, 甘政發[2007]51號
青海	2005.6.	青海省人民政府辦公廳轉發省財政廳關於省對財政困難縣(市)財政激勵性轉移支付獎補辦法(試行)的通知, 青政辦[2005]93號
	2007.2.	青海省人民政府辦公廳轉發省財政廳關於開展省管縣財政管理體制改革試點工作意見的通知, 青政辦[2007]17號

주: 이 밖에, 닝샤 자치구(寧夏自治區)는 자치구의 특수한 사정으로 오래전부터 '성관현 재정 관리 체제'를 시행해 오고 있다.

참고문헌

| 국문 자료 |

김윤권. 2008. "중국 大部制 행정개혁의 동인과 제약." 『한국행정학보』 제42권 제4호.

서진영. 2008. 『21세기 중국 정치』. 서울: 폴리테이아.

하연섭. 2003. 『제도 분석』. 서울: 다산출판사.

| 중문 자료 |

賈林男·趙劍波. 2006. "蘇商: 在沉默與困惑中崛起——江蘇民營經濟發展觀察報告." 『中華工商時報』(11.15).

賈擁民. 2004. "浙江真經: '省管縣'." 『中國改革』 第6期.

葛守昆. 2001. "'蘇南模式'面臨的挑戰和創新." 『中外企業』 第2期.

甘肅省非公有制經濟考察團. 2002. "在解放思想中創新,在開拓創新中發展(二○○二年五月二十八日)." 甘肅省人民政府. 『甘肅政報』 第12期.

江西辦. 2007. "浙江省強縣擴權的主要做法和成效及政策建議." http://www.gzxz.gov.cn/Article/ShowArticle.asp?ArticleID=6270.

江蘇省地方志編纂委員會 編. 1996. 『江蘇省誌』 56(財政誌). 南京: 江蘇古籍出版社.

薑月波·黃俊華. 2007. "湖北省: 除恩施自治州和市轄區外所有縣(市)擴權." 『湖北日報』(4.21).

顧先平·張芳. 2006. "試論我國市縣鄉基層政府的機構建制." http://www.gzsfxh.com/showArticle.asp?id=1364.

龔琦·付妮嘉·王雅鵬. 2007. "湖北省強縣擴權效果分析." 『華中農業大學學報(社會科學版)』 第1期.

霍紅. 2006. 『吉林省擴權強縣改革研究』. 吉林大學碩士論文.

匡華清. 2007. "我國'市管縣'體制的弊端及改革建議." http://www.dajun.com.cn/shixian.htm.

喬仁毅. 2006. "強化省縣關系: 加強基層執政能力的幾點思考." http://www.bbcer.com/news/001002/2006-04-16/2077.

龔潯澤. 2008. 『江蘇脈動』. 南京: 江蘇人民出版社.

闞忠東. 2005. 『轉型期中國地方政府行爲研究』. 北京: 中央編譯出版社.

金華市人民政府. 2007. "市委市政府2007年主要工作任務上半年進展情況通報之五." http://www.jinhua.gov.cn/002007/2007091800062.htm.

吉林省人民政府辦公廳. 2005a. "政務要聞."『吉林政報』第8期.

_______. 2005b. "政務要聞."『吉林政報』第10期.

吉林省政府發展研究中心調查組. 2006. "關於我省縣域經濟體制問題調查報告." http://fzzx.jl.gov.cn/yjcg/yjbg/t20060328_126129.htm.

吉林省地方志編纂委員會. 2005. "振興吉林老工業基地大事記(2005年1~6月)." http://www.jlsq.gov.cn/jlzz/zxlgyjd/2005/0711/683.htm.

______. 2006. "振興吉林老工業基地大事記(2005年7~12月)." http://www.jlsq.gov.cn/jlzz/zxlgyjd/2006/0411/2025.htm.

吉林省擴權強縣領導小組辦公室·吉林省域突破辦公室. 2005.『吉林省擴權强縣政策彙編』. 內部文件.

羅義. 2006. "'市管縣'有悖憲法(2004.11)." 中國縣域社會經濟年鑑編輯部.『中國縣域社會經濟年鑑(2000-2005)』. 北京: 中國經濟出版社.

郎毅懷. 2007a. "關於我省放權工作的回顧與思考." http://fzzx.jl.gov.cn/zjzxw/zjjy/t20070518_260011.htm.

______. 2007b. "吉林省放權工作回顧與評估(一)." http://www.jl.gov.cn/zxjl/zjsd/t20070426_249608.htm.

內蒙古發展與改革委員會. 2005. "自治區發改委副主任安俊義主持召開委務會討論〈關於擴大部分旗縣(市)管理權限的建議〉." http://www.nmgfgw.gov.cn/Content1.aspx?id=1795&columnid=15.

盧毅. 2004. "從'市領導縣'到'強縣擴權': 對浙江省'市管縣'體制興衰原因的邏輯分析."『雲南行政學院學報』第6期.

譚麗琳. 2009. "探索省直管市縣: 海南下放市縣權力全國少見."『海南日報』(10.16).

戴明. 2000. "蘇州市利用外商直接投資的現狀及發展對策."『蘇州市職業大學學報』第3期.

童大煥. 2007. "省管縣爲經濟社會發展松綁."『東方早報』(6.22).

馬斌. 2008. "通過進一步擴權改革理順省市縣政府間關系: 縣政改革的浙江經驗."『中國發展觀察』第7期.

馬昱華·張力軍. 2003. "吉林省縣域經濟工作會議召開."『吉林日報』(8.22).

馬俊清 主編. 1983.『吉林省志』卷七(政府志). 長春: 吉林人民出版社.

萬群·趙國梁. 2009. "貴州省政府機構改革探索省直管縣體制."『貴州日報』(6.4).

方民生 等. 2000.『浙江制度變遷與發展軌跡』. 杭州: 浙江人民出版社.

樊綱·王小魯·朱恒鵬. 2007.『中國市場化指數: 各地區市場化相對進程2006年報告』. 北京: 經濟科學出版社.

福建省財政廳. 2002. "浙江財政改革的幾項政策." http://www.fjcz.gov.cn/manage/gcs/template9.asp?ID=4033.

傅白水. 2006. "浙江'省管縣'新考驗."『決策』第6期.

______. 2007. "義烏當道."『南風窗』第1期.
馮連擧 等. 2003. "吉林省改革開放曆史考察及其經驗研究." 吉林省社會科學院'十五'規劃項目.
http://www.jlpopss.gov.cn/newscontent.asp?id=597.
沙安文·喬寶雲 主編. 2006.『地方政府與地方政府治理: 國際經驗評述』. 北京: 人民大學出版社.
謝禹·黃曉偉. 2007. "關於我國省管縣財政體制改革的思考."『經濟研究參考』第37期(總第2093期).
史爲樂 編. 2006.『中華人民共和國行政區沿革(1949-2002)』. 北京: 人民出版社.
徐鬱華. 2004. "總值占全省GDP的比重不及浙江三分之一: 江蘇民營經濟還需'大補'."『江南時報』(6.8).
徐元明·劉遠·周春芳. 2007. "省直管縣體制改革相關問題研究: 以江蘇省爲例."『江海學刊』第6期.
薛剛淩 主編. 2006.『行政體制改革研究』. 北京: 北京大學出版社.
蘇仲義. 2004.『縣域經濟財政問題探討』. 沈陽: 遼寧大學出版社.
肖菁·嶽海智. 2003. "先富群體競選村官調查報告: 浙江富人治村占30%."『都市快報』(9.20).
孫雷. 2005. "'十一五'大趨勢: 財政省管縣."『21世紀經濟報道』(10.24).
孫祖培. 2001. "蘇南模式: 曆史的選擇與揚棄."『江南論壇』第9期(總131期).
孫展. 2004a. "浙江: '省縣直轄'懸念."『領導文萃』第9期.
______. 2004b. "江蘇: 市縣體制困局."『新聞周刊』第17期.
孫學玉. 2006. "強縣擴權與市管縣體制改革的必要性分析."『中國行政管理』第5期.
______. 2007. "強縣擴權與省直管縣市的可行性分析."『中國行政管理』第6期(總第264期).
孫學玉·伍開昌. 2004. "構建省直接管理縣市的公共行政體制: 一項關於市管縣體制改革的實證研究."『政治學研究』第1期.
宋蕾. 2006. "發改委建議省管縣建立中央省市(縣)三級財政."『第一財經日報』(3.31).
首都科學決策研究·北京領導決策信息中心 編. 2004. "讓'強縣擴權'成爲縣域經濟發展的'加速器."『縣委書記縣長參閱(231)』(7.9).
時代人物. 2004. "區域經濟發展令蘇州政壇順風順水." 原載自〈時代人物〉總第13期.
http://news.sina.com.cn/c/2004-11-23/14435007005.shtml.
施平. 2004. "從蘇州出發: 三省長揚棄'蘇州經驗'."『第一財經日報』(11. 25).
新浪網. 2009. "中央力推省直管縣: 縣委書記省委任命."
http://news.sina.com.cn/w/2009-07-24/025116003164s.shtml.
新望. 2005.『蘇南模式的終結』. 北京: 新知三聯書店.
申劍麗·蔣彥鑫. 2006. "代表委員建議撤銷地級市重劃地方政府權限."『新京報』(3.11).
沈建明. 2003. "浙江擴大經濟強縣部分經濟管理權限的基本情況."『山東經濟戰略研究』第5期.
沈亮. 2008. "提拔不再必須進黨校."『南方周末』(11.13).
阿源. 2005. "'省直管縣'考驗官員承受度."『瞭望新聞周刊』第24期.
顏傑坤·鄧繼澤. 2008. "'省管縣'政策分析."『重慶行政』第2期.
楊文彬. 2006. "中國實行省管縣體制的阻力機制分析."『行政論壇』第5期.

楊章懷·彭美. 2009. "縣委書記將由省委直接任命." 『南方都市報』(7.24)
楊晶. 2007. "政府工作報告(1月15日在內蒙古自治區第十屆人民代表大會第四次會議上)."
烏日吉圖 主編. 『內蒙古年鑑』(2006年版). 北京: 方志出版社.
梁保華. 2006. "政府工作報告." 江蘇年鑑雜志社 編輯. 『江蘇年鑑』(2006年版). 南京: 江蘇年鑑雜誌社.
吳愛明 主編. 2005. 『當代中國政府』. 北京: 中國人民大學出版社.
吳雲法. 2004. "浙江省'省管縣'財政體制分析." 『經濟研究參考』 第86期.
吳兆飛. 2005. "變快走爲快跑: 新省長王珉提出振興吉林三要點."
http://news.xinhuanet.com/newscenter/2005-01/29/content_2524069.htm.
翁仕友. 2005. "俞正聲治鄂新政." 『決策』 第7期.
王健. 2005. "吉林省加大'縣域突破'實施力度." 『吉林日報』(4.2).
王克群. 2005. "市管縣體制存在的問題及矯治." 『南方論刊』 第10期.
王珉. 2005a. "在全省擴大縣(市)經濟社會管理權限工作會議上的講話(6.27)." 吉林省擴權強縣領導小組辦公室·吉林省域突破辦公室 編. 『吉林省擴權強縣政策滙編』(內部文件).
______. 2005b. "在擴大縣(市)經濟社會管理權限省直部門動員會議上的講話(6.7)." 吉林省擴權強縣領導小組辦公室·吉林省域突破辦公室 編. 『吉林省擴權強縣政策彙編』(內部文件).
王芳. 2007. "江蘇省管縣破冰在即." 『江蘇經濟報』(5.24).
王永生. 2005. "變'快走'爲'快跑': 走近省長王珉." 『新長征』 第6期.
王永作. 2004. 『江蘇經濟發展研究』. 北京: 中國農業出版社.
王雲坤. 2000. "增強信心開拓前進, 以嶄新的姿態邁入21世紀." 『吉林日報』(12.26).
______. 2005a. "在吉林省加快民營經濟發展動員大會上的講話(3.29)."
http://www.jl.gov.cn/zxjl/zyyl/t20050805_27099.htm.
______. 2005b. "在全省擴大縣(市)經濟社會管理權限工作會議上的講話(6.27)." 吉林省擴權強縣領導小組辦公室·吉林省域突破辦公室 編. 『吉林省擴權強縣政策彙編』(內部文件).
王煒瀚. 2006. "中國區域經濟模式的選擇——以知識觀視角爲核心的分析." 『蘇州大學學報(哲學社會科學版)』 第6期.
王幼華 責任編輯. 2005. "關於制定'實施省管縣體制改革方案'的議案(3.9)."
http://www.people.com.cn/GB/14576/28320/44535/44553/3231007.html.
王自亮·錢雪亞. 2003. 『從鄉村工業化到城市化: 浙江現代化的過程, 特征與動力』. 杭州: 浙江大學出版社.
王風光·盧景斌. 2006. "創新富民立縣強省: 吉林省縣域改革工作紀實." 『經濟日報』(5.25).
王紅茹 等. 2007. "'省管縣': 地方權利再分配." 『中國經濟周刊』 第22期(總第505期).
王喜州. 2003. "中央與地方政經關系類型之建立與檢定: 以1997年中共'十五大'爲例." 『遠景季刊』 第4卷 第3期.
熊文釗. 2007. "政府機構改革的基本思路." 『瞭望』 第41期.

袁華明. 2003. "強縣擴權: 浙江發展, 大提速."『觀察與思考』第12期.
劉孟達. 2007. "多元視角下的'紹興模式'."『浙江經濟』第9期.
劉長傑. 2005a. "41個縣(市)由省直管吉林冀望激活縣域經濟."『經濟觀察報』(7.4).
______. 2005b. "吉林省冀望激活縣域經濟41個縣市由省直管."『經濟觀察報』(7.3).
劉海英. 2006.『地方政府間財政關系硏究』. 北京: 中國財政經濟出版社.
劉紅豔. 2009. "海南'省管縣'既領先又特殊 '喊慢'者曾作檢討."
http://cpc.people.com.cn/GB/64093/95111/95113/10241603.html.
劉曉鵬. 2008. "省管縣改革路線圖凸顯."『人民日報』(7.30).
陸立軍·王祖強. 2007.『浙江模式: 政治經濟學視覺的觀察與思考』. 北京: 人民出版社.
李昆明 主編. 2007.『聚焦中國: 十六大以來中央政治局議程上的重大課題』. 北京: 紅旗出版社.
李乃潔 主編. 1983.『吉林省志』卷三十(財政志). 長春: 吉林人民出版社.
李梁. 2003. "浙江強縣擴權獨家披露."『南方周末』(9.18).
李閩榕. 2006.『中國省域經濟綜合競爭力硏究報告(1998-2004)』. 北京: 社會科學文獻出版社.
李芃. 2006a. "江蘇黨代會選擧新意: 縣委書記當選省委委員."『21世紀經濟報道』(11.27).
______. 2006b. "江蘇'省管縣'改革暫緩."『21世紀經濟報道』(3.29).
______. 2006c. "江蘇'十一五'大動作: 從強縣擴權到取消地級市?"『21世紀經濟報道』(1.20).
李斌 等. 2006. "廣東尚無計劃撤銷地級市: 浙江省直管縣背景獨特."『南方都市報』(3.11).
李珊. 2006.『省管縣府際關系的變革與發展: 基於金華義烏市的案例關系』. 浙江大學碩士學位論文.
李珍剛. 2006. "擴權強縣: 廣西縣域經濟發展的新路徑."『廣西民族硏究』第3期(總第85期).
李源潮. 2007. "堅持科學發展和諧發展." 方亞光編.『江蘇年鑑 2007』. 南京: 江蘇年鑑雜誌社.
李際洲. 2005. "蘇州民營經濟三年騰飛計劃實現過半."『證劵時報』(2.4).
李忠. 2005. "城市布局: '小馬拉大車'現象分析."『中國經濟時報』(11.18).
人民日報. 2009. "人民網上調査." http://politics.people.com.cn/GB/1025/8797619.html.
林勁松 等. 2004. "十名人大代表提交議案建議實行"市縣分置"促進經濟發."『新快報』(2.15)
林楠·胡作華. 2006. "省管縣引發新一輪制度探索."『瞭望新聞周刊』第10期.
林炎志. 2005. "在全省擴大縣(市)經濟社會管理權限工作會議結束時的講話(6.28)." 吉林省擴權強縣領導小組辦公室·吉林省域突破辦公室 編.『吉林省擴權強縣政策彙編』(內部文件).
莊國波. 2007.『領導幹部政績評價的理論與實踐』. 北京: 中國經濟出版社.
張建君. 2006. "發展模式和經濟平等: 蘇南和溫州的比較."『管理世界』第8期.
張道剛. 2004. "解讀浙江省管縣."『決策咨詢』第1期.
張鳳安. 2006. "義烏擴權."『21世紀經濟報道』(11.24).
張三. 2007. "中國行政區劃改革中的合理分權." http://zhangsan.bokee.com/6311580.html.
張詩雨·張迎新. 2001. "王雲坤: 構造開放型經濟是吉林現實的選擇."『中國經濟時報』(8.13).
張如石·滕旭旺·武以仁. 2004. "實施'縣域突破'的財政思考."『中國財經信息資料』第5期.
張閆龍. 2006. "財政分權與省以下政府間關系的演變."『社會學硏究』第3期.

張迎新. 2003. "省委書記反思'縣域突破'."『中國經濟時報』(9.4).
張占斌. 2007a. "政府層級改革: 省直管縣."『學習時報』(2.12).
______. 2007b. "省管縣從財政體制到行政體制: '省管縣'已經由學者討論層面逐漸走入國家政策層面."『小康』第1期.
______. 2007c. "政府層級改革與省直管縣實現路徑研究."『經濟與管理研究』第4期.
______. 2007d. "省直管縣改革: '東北地區振興規劃'的一個亮點."『學習時報』(8.27).
______. 2009.『省直管縣體制改革的實踐創新』. 北京: 國家行政管理出版社.
張志華. 2006. "完善中的中國省以下財政管理體制." 沙安文·喬寶雲 主編.『地方政府與地方政府治理: 國際經驗評述』. 北京: 人民大學出版社.
張卓人 等. 2007. "民營經濟強縣權力升格的財富解讀."『中國民營經濟周刊』(1.30).
張厚義 等 主編. 2003.『中國私營企業發展報告. No.4』. 北京: 社會科學文獻出版社.
財政部. 2009. "關於推進省直接管理縣財政改革的意見(財預[2009]78號)." http://yss.mof.gov.cn/yusuansi/zhengwuxinxi/zhengceguizhang/200907/t20090707_176746.html.
全國人民代表大會常務委員會. 2006. "國民經濟和社會發展第十一個五年規劃綱要."『中華人民共和國全國人民代表大會常務委員會公報』第3號(總254號).
浙江省人民政府. 2003. "關於進一步深化省級行政審批制度改革的實施意見(浙政發[2003]35號)." http://www.zhejiang.gov.cn/gb/zjnew/node3/node22/node167/node360/node368/userobject9ai542.html.
浙江省統計局. 2007. "浙江實施經濟強縣政策: 走都市化發展之路." http://www.stats.gov.cn/tjfx/dfxx/t20070712_402417530.htm.
鄭吉萍. 2007. "縣域擴權: 行政管理體制改革的體制創新."『行政與法』第4期.
趙玉琳. 2006. "吉林老工業基地改造回顧與展望." 載鮑振東 主編.『2006年: 中國東北地區發展報告』. 北京: 社會科學文獻出版社.
趙聚軍. 2006. "構建與市場經濟相適應的地方行政領導體制: 對浙江'省管縣'體制績效的實證研究."『中共寧波市委黨校學報』第3期.
宗和. 2004. "強縣擴權: 政府管理模式的創新: 評析湖北, 浙江, 河南等省行政區劃管理權限改革."『學習月刊』第10期.
左昭 等. 2005. "關於河南, 河北兩省擴大部分縣市管理權限的調研報告."『北方經濟』第7期.
朱光磊. 2008.『當代中國政府過程』. 天津: 天津人民大學.
周季鋼. 2006a. "中國地級市的變革與存廢."『鳳凰周刊』第2期(總207期).
______. 2006b. "江蘇試驗'省管縣'."『鳳凰周刊』第2期(總207期).
周明生·李猛. 2007. "強縣擴權促進區域中心城市發展的思考."『唯實』第2期.
周詠南. 2002. "全省經濟強縣(市)座談會在杭召開."『浙江日報』(8.20).
周平 主編. 2007.『當代中國地方政府』. 北京: 人民出版社.

周平·方盛擧·夏維勇. 2007.『中國民族自治地方政府』. 北京: 人民出版社.
周天勇·王張江·王安嶺 主編. 2007.『攻堅: 十七大後中國政治體制改革硏究報告』. 五家渠: 新疆生產建設兵團出版社.
中共吉林省黨校'擴權强縣'政策課題組. 2006. "吉林省'擴權强縣'政策實施情況的調查."『行政與法』第12期.
中共蘇州市委·蘇州市人民政府. 2004. "關於促進民營經濟騰飛的決定(1.9)."
http://www.sipac.gov.cn/ggxx/200401/t20040130_3308.htm.
中共浙江省委辦公廳·浙江省人民政府辦公廳. 2008.
"關於擴大縣(市)部分經濟社會管理權限的通知(浙委辦[2008]116號)."
http://www.suichang.gov.cn/zwdt/xwwj/swb/t20090413_536420.htm.
中共中央·國務院. 2009. "關於2009年促進農業穩定發展農民持續增收的若幹意見."
http://news.xinhuanet.com/newscenter/2009-02/01/content_10746024_3.htm.
中國行政管理學會課題組. 2009.『中國群體性突破事件成因及對策』. 北京: 國家行政學院出版社.
仲新侃·王家敏. 2009. "中央力推省直管縣: 縣委書記將由省委直接任命評論推薦."『共產黨員』上半月 第8期.
仲偉志. 2006. "市管縣: 弊端漸現(2005.1)." 中國縣域社會經濟年鑑編輯部.『中國縣域社會經濟年鑑(2000-2005)』. 北京: 中國經濟出版社.
曾實·丁逃千 等. 2007. "27個試點縣是怎樣確定的: 決策背後的故事."『四川日報』(7.14).
陳家喜. 2007.『改革時期中國民營企業家的政治影響』. 重慶: 重慶出版社.
陳光明. 2005. "非律賓: 〈聯合日報〉江蘇政協委員提議試行'省管縣'體制."
http://www.js.chinanews.com.cn/news/2005/2006-03-08/1/17921.html.
陳文玲·王飛. 2004. "浙江非公有經濟發展與制度創新." 浙江非國有經濟年鑑編輯部 編.『浙江非國有經濟年鑑』(2004年版). 北京: 中華書局.
陳銘. 2005. "淺析新疆生產建設兵團的戰略作用."『二十一世紀』第8月號(總第41期).
陳才·馬廷玉·楊曉慧. 2007.『東北地區縣域經濟發展硏究』. 長春: 東北師範大學出版社.
陳苹·王正·王丹. 2006. "2004-2005年東北地區經濟社會發展總報告." 鮑振東 主編.『中國東北地區發展報告』. 北京: 社會科學文獻出版社.
陳希·馮軒博 等. 2007. "是自我意識的消弭, 還是自我實現的覺醒: 新蘇州模式下蘇州民營經濟現狀調查報告." 南風窗'調硏中國-07報告.
田穗生·羅輝·曾偉. 2005. "重劃省區的可行性分析."『中國行政區劃概論』. 北京: 北京大學出版社.
寵明禮. 2007. "'省管縣': 我國地方行政體制改革的趨勢?"『中國行政管理』第6期.
浙江統計局 編. 2005.『浙江統計年鑑』(2005年版). 北京: 中國統計出版社.
鄒東濤. 2008. "我國行政管理體制改革30年."『中國經濟發展和體制改革報告No.1: 中國改革開放30年(1978~2008)』. 北京: 社會科學文獻出版社.
鄒惠豔·傅光明. 2006. "推行省直管縣財政體制芻論: 關於浙江, 安徽, 湖北的實證硏究."『現代經濟探討』第11期.
彭水明·柯浪. 2007. "強縣擴權的義烏標本."『法人』第6期.
浦善新. 2006.『中國行政區別改革研究』. 北京: 商務印書館.
浦興祖. 1999.『當代中國政治制度』. 上海: 複旦大學出版社.
馮怡駒 編制. 2003. "拳拳赤子心報家鄕: 記省人大代表李德鋒."『茂名日報』(10.20).
何保山·塞繆爾 等. 1991.『江蘇農村非農化發展研究』. 上海: 上海人民出版社.
何顯明. 2007a. "研究與評論: 市管縣體制及其績效分析."
http://www.sdc.org.cn/mzzz/ShowArticle.asp?ArticleID=497.
______. 2007b. "強縣擴權: 省直管縣與浙江現象."
http://www.sdc.org.cn/mzzz/ShowArticle.asp?ArticleID=496.
香港商報. 2006. "觀念博弈: 吉林鍛造'三型政府'."『香港商報』(11.29).
http://www.hkcd.com.hk/20061129/ca2515420.htm.
許峰. 2005. "我國試行省直管縣: 取消地級市成趨勢."『南方周末』(9.15).
許安拓. 2007. "省管縣改革是市場經濟的內在需求."『中國經濟周刊』第22期.
許耀桐. 2004. "中國行政體制改革的發展與啟示." 徐湘林 主編.『中國國情與制度創新』. 北京: 華夏出版社.
湖北省經委課題組. 2006. "改革市管縣體制的研究報告: 市管縣體制的利弊."『當代經濟』第5期.
胡國富·王明華. 2008. "義烏強縣擴權績效分析." 2008年全省黨校系統理論研討會論文.
http://www.sdc.org.cn/zjjs/ShowArticle.asp?ArticleID=1329.
胡錦濤. 2007. "高舉中國特色的社會主義偉大的旗幟: 爲奪取全面建設小康社會新勝利而奮鬥."『中國共產黨第十七次全國黨代會代表大會文件彙編』. 北京: 人民出版社.
胡福明 編. 2005.『江蘇省誌』61, 中(政府誌). 南京: 江蘇人民出版社.
胡星鬥. 2009. "參考文章: 中國的行政區劃改革."
http://www.blogchina.com/20091109836574.html.
洪銀興·陳寶敏. 2001. "'蘇南模式'的新發展: 兼與'溫州模式'的比較."『宏觀經濟研究』第7期(總第32期).
________. 2002. "蘇南模式與中國經濟的市場化."『宏觀經濟研究』第10期.
黃孟複 主編. 2004.『中國民營經濟發展報告No.1(2003年版)』. 北京: 社會科學文獻出版社.
黃孟複·胡德平 主編. 2006.『中國民營經濟發展報告No.3(2005~2006)』. 北京: 社會科學文獻出版社.
黃福寧. 2005. "'蘇南模式'的變革研究." 中國經濟50人論壇 2005年年會討論資料.
黃勝林. 2004. "介於直轄市與縣級市之間的市叫什麼好."『學習與實踐』第4期.
黃勇·高明勇. 2007. "江蘇強縣擴權出現'單邊突破'."『江南時報』(2.8).
chenguang. 2007. "廣東實行省管縣狀況分析."
http://bbs1.southcn.com/forum/index3.php?forumname=guangdongjinshen

&job=post&topicid=263369#.

| 영문 자료 |

Barrett, Susan and Michael Hill. 1986. "Policy, bargaining and structure in implementation: towards an integrated perspective." Michael J. Goldsmith ed. *New Research in Central-Local Relations*. Aldershot: Gower.

Bennett, Andrew and Colin Elman. 2006. "Complex Causal Relations and Case Study Methods: The Example of Path Dependence." *Political Analysis* 14.

Bertalanffy, Ludwig von. 1968. *General Systems Theory*. New York: George Braziller.

Campbell, John L. 2004. *Institutional Change and Globalization*. Princeton: Princeton University Press.

Chung, Jae Ho. 1998. "Study of Provincial Politics and Development in the Post-Mao Reform Era: Issues, Approaches, and Sources." Peter T. Y. Cheung, Jae Ho Chuang, and Zhimin Lin eds. *Provincial Strategies of Economic Reform in Post-Mao China*. Armonk: M. E. Sharpe.

________. 1995. "Studies of central-provincial relations in the People's Republic of China: a mid-term appraisal." *China Quarterly* 142.

Chung, Jae Ho and Tao-chiu Lam. 2004. "China's 'City System' in Flux: Explaining Post-Mao Administrative Changes." *The China Quarterly* 180.

Cotton, James. 1996. "China and Tumen River Cooperation: Jilin's Coastal Development Strategy." *Asian Survey* 36, 11.

Dickson, Bruce J. 2007. "Integrating Wealth and Power in China: the Communist Party's Embrace of the Private Sector." *The China Quarterly* 192.

Forster, Keith. 1998. "The Political Economy of Post-Mao Zhejiang: Rapid Growth and Hesitant Reform." T. Y. Peter Cheung, Jae Ho Chung and Zhimin Lin eds. *Provincial Strategies of Economic Reform in Post-Mao China: Leadership, Politics, and Implementation*. Armonk: M.E. Sharpe.

George, Alexander L. and Andrew Bennett. 2005. *Case Studies and Theory Development in the Social Sciences*. Cambridge, Massachusetts and London: The MIT Press.

Hsu, Szuchien. 2000. "Central-Local Relations in the PRC under the Tax Assignment System: An Empirical Evaluation, 1944-97." *Issues & Studies* 36, 2.

Knight, Jack. 1991. "Explaining the Rise of Neoliberalism: The Mechanisms of

Institutional Change." John L. Campbell and Ove K. Pedersen, eds. *The Rise of Neoliberalism and Institutional Analysis.* Princeton: Princeton University Press.

________. 1992. *Institutions and Social Conflict.* New York: Cambridge University Press.

Korpi, Walter. 2001. "Contentious Institutions: An Augmented Rational-Action Analysis of the Origins and Path Dependency of Welfare State Institutions in Western Countries." *Rationality and Society* 132.

Levi, Magaret. 1990. "A Logic of Institutional Change." Karen Schweers Cook and Mrgaret Levi eds. *The Limits of Rationality.* Chicago: University of Chicago Press.

Lee, Sangkuk. 2011. "An Analysis of the Province Leading Counties." *Adminstrative Reform in China* 47, 1.

Li, Cheng. 2005. "New Provincial Chiefs: Hu's Groundwork for the 17th Party Congress." *China Leadership Monitor* 13.

Kranser, Stephen D. 1988. "Sovereignty: An Institutional Perspective." *Comparative Political Studies* 21, 1.

Mahoney, James and David Collier. 1996. "Insights and Pitfalls: Selection Bias in Qualitative Research." *World Politics* 491.

North, Doughlass C. 1998. "Economic Performance through Time." Mary C. Brinton and Victor Needs eds. *The Institutionalism in Sociology.* New York: Russell Sage Foundation.

Orren, Karen and Stephen Skowrock. 1996. "Institutional and Intercurrence: Theory Builidng in the Fullness of Time." Ian Shapiro and Russell Hardin eds. *Political Order.* New York: New York University Press.

Scott, Richard W. 2001. *Institutions and Organizations.* 2nd ed. Thousand Oaks: Sage Publication.

Whiting, Susan H. 2001. *Power and Wealth in Rural China: the Political Economy of Institutional Change.* New York: Cambridge University Press.

Yang, Dali. 2004. *Remaking the Chinese Leviathan: Market Transition and the Politics of Governance in China.* Stanford: Stanford University Press.

Zhang, Le-yin. 1999. "Chinese Central-Provincial Fiscal Relations, Budgetary Decline and the Impact of the Fiscal Reform: An Evaluation." *The China Quarterly* 157.

Zhang, Lingguang and Simon X. B. Zhao. 1998. "Re-Examining China's 'Urban' Concept and the. Level of Urbanization." *The China Quarterly* 154.

| 일문 자료 |

天児慧. 2000.『現代中國の構造変動〈4〉: 政治—中央と地方の構図』. 東京: 東京大學出版會.

| 통계연감 등 연감, 법전 |

江蘇年鑑雜志社 編. 2006.『江蘇年鑑』(2006年版). 南京: 江蘇年鑑雜誌社.
_______. 2007.『江蘇年鑑』(2007年版). 南京: 江蘇年鑑雜誌社.
江蘇省統計局 編. 2003.『江蘇統計年鑑』(2003年版). 北京: 中國統計出版社.
_______. 2005.『江蘇統計年鑑』(2005年版). 北京: 中國統計出版社.
國家統計局 編. 2003.『中國統計年鑑』(2003年版). 北京: 中國統計出版社.
_______. 2004.『中國統計年鑑』(2004年版). 北京: 中國統計出版社.
國家統計局國民經濟綜合統計司 編. 1999.『新中國五十年統計資料彙編』. 北京: 中國統計出版社.
國務院法制辦公室 編. 2002.『新編中華人民共和國常用法律法規全書』. 北京: 中國法制出版社.
吉林省統計局 編. 2004.『吉林統計年鑑』(2004年版). 北京: 中國統計出版社.
_______. 2005.『吉林統計年鑑』(2005年版). 北京: 中國統計出版社.
吉林省人民政府辦公廳·吉林省地方志編纂委員會. 2006.『吉林年鑑』(2006年版). 長春: 吉林年鑑社.
法規中心 編. 2008.『中華人民共和國行政法典』(應用版 25). 北京: 法律出版社.
內蒙古自治區地方志辦公室年鑒編輯部 編. 2007.『內蒙古年鑑』(2006年版). 北京: 方志出版社
劉福剛·孟憲江 編. 2005.『中國縣域經濟年鑑』(2004年版). 北京: 中國社會科學文獻出版社.
_______. 2006.『中國縣域經濟年鑑』(2005年版). 北京: 中國社會科學文獻出版社.
浙江非國有經濟年鑑編輯部 編. 2000.『浙江非國有經濟年鑑』(2000年版). 北京: 中華書局.
_______. 2001.『浙江非國有經濟年鑑』(2001年版). 北京: 中華書局.
_______. 2002.『浙江非國有經濟年鑑』(2002年版). 北京: 中華書局.
_______. 2003.『浙江非國有經濟年鑑』(2003年版). 北京: 中華書局.
_______. 2004.『浙江非國有經濟年鑑』(2004年版). 北京: 中華書局.
浙江省統計局 編. 2003.『浙江統計年鑑』(2003年版). 北京: 中國統計出版社.
_______. 2004.『浙江統計年鑑』(2004年版). 北京: 中國統計出版社.
_______. 2005.『浙江統計年鑑』(2005年版). 北京: 中國統計出版社.
_______. 2006.『浙江統計年鑑』(2006年版). 北京: 中國統計出版社.
_______. 2007.『浙江統計年鑑』(2007年版). 北京: 中國統計出版社.
中國縣域社會經濟年鑑編輯部 編. 2006.『中國縣域社會經濟年鑑(2000-2005)』. 北京: 中國經濟出版社.

中華全國工商業聯合會·中國民(私)營經濟研究會 主編. 2007.『中國私營經濟年鑑(2004-2006年6月)』. 香港: 香港經濟導報社.
陳俊生·劉國光 主編. 2003.『中國城市年鑑』(2003年版). 北京: 中國統計出版社.
______. 2004.『中國城市年鑑』(2004年版). 北京: 中國統計出版社.

| 주요 웹사이트 |

(1) 25개 성 및 자치구 인민정부 웹사이트

허베이(河北): http://www.hebei.gov.cn
산시(山西): http://www.shanxigov.cn
내몽골(內蒙古): http://www.nmgzb.gov.cn
랴오닝(遼寧): http://www.ln.gov.cn
지린(吉林): http://www.jl.gov.cn
헤이룽장(黑龍江): http://www.hlj.gov.cn
장쑤(江蘇): http://www.js.gov.cn
저장(浙江): http://www.zj.gov.cn
안후이(安徽): http://www.ah.gov.cn; http://www.ahda.gov.cn/search_da.asp(檔案局)
푸젠(福建): http://www.fujian.gov.cn
장시(江西): http://www.jxzb.gov.cn
산둥(山東): http://www.shandong.gov.cn
허난(河南): http://www.henan.gov.cn
후베이(湖北): http://www.hubei.gov.cn
후난(湖南): http://www.hunan.gov.cn
광둥(廣東): http://www.gd.gov.cn
광시(廣西): http://www.gxzf.gov.cn
하이난(海南): www.hainan.gov.cn
쓰촨(四川): http://www.sc.gov.cn
구이저우(貴州): http://www.gzzb.gov.cn
윈난(雲南): http://www.yn.gov.cn
산시(陝西): http://sxzb.shaanxi.gov.cn
간쑤(甘肅): http://www.gansu.gov.cn
칭하이(青海): http://www.qh.gov.cn
닝샤(寧夏): http://www.nx.gov.cn

(2)기타 주요 웹사이트

국가통계국(國家統計局): http://www.stats.gov.cn/tjsj/
중국행정구획망(中國行政區劃網): http://www.xzqh.org/quhua/index.htm
중국현역경제(中國縣域經濟): http://www.china-county.org

ARI Monograph Series 12
The Political Economy of Power Shift between China's Local Governments

First Published 2013
by The Asiatic Research Institute at Korea University
5 Ga Anam-dong, Seongbuk-gu, Seoul 136-701, Korea
www.asiaticresearch.org

아연동북아총서 12

중국 지방정부 간 권력 조정의 정치·경제:
저장·장쑤·지린 3개 성의 '성관현'(省管縣) 개혁 비교 연구

1판1쇄 | 2013년 10월 14일

지은이 | 이상국
펴낸이 | 이종화
펴낸 곳 | 아연출판부
등록 | 2000년 5월 24일 제6-376호
주소 | 서울시 성북구 안암동 5가 고려대학교 아세아문제연구소(136-701)
전화 | 02-3290-1600 팩스 | 02-923-4661
홈페이지 | www.asiaticresearch.org

값 10,000원

ISBN 978-89-90769-45-9 94300
978-89-90769-29-9 (세트)

이 도서의 국립중앙도서관 출판시도서목록(CIP)은 e-CIP 홈페이지(http://www.nl.go.kr/ecip)에서 이용하실 수 있습니다(CIP제어번호: CIP2013019924).